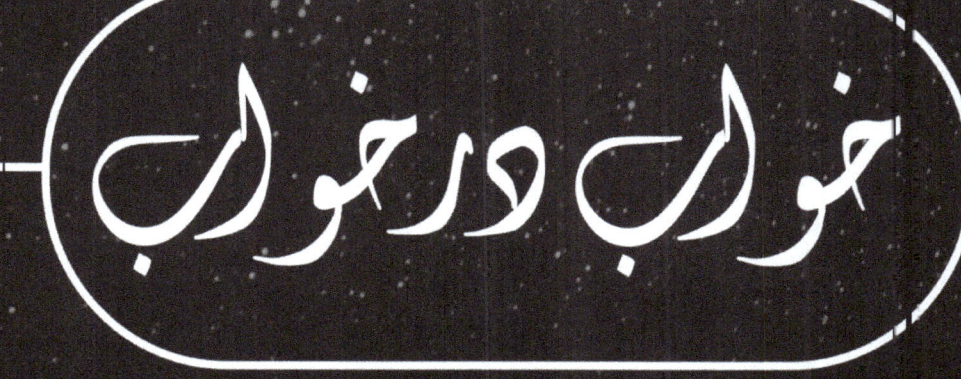

# خواب در خواب

## ۱۹۶۸ سے ۲۰۱۸ تک کی شاعری

### خالد سہیل

# خواب در خواب

### ۱۹۶۸ سے ۲۰۱۸ تک کی شاعری

## خالد سہیل

| | | |
|---|---|---|
| کتاب کا نام | : | خواب در خواب |
| شاعر | : | خالد سہیل |
| سال اشاعت | : | 2020 |
| کمپوزنگ اور آرٹ ورک | : | سید علی رضا |
| فرنٹ کور | : | شاہد شفیق |
| بیک کور تصویر | : | محمد مشتاق |
| بیک کور آرٹ ورک | : | عارفہ سلمان |
| پبلشر | : | گرین زون پبلشرز |

۲۱۳ بروک سٹریٹ ساؤتھ وھٹبی
اونٹاریو کینیڈا

| | | |
|---|---|---|
| ای۔میل | : | welcome@drsohail.com |
| ویب سائٹ | : | http://www.drsohail.org |

ڈاکٹر خالد سہیل

(4)

# شاعری کے مجموعے

| نمبر شمار | مجموعہ | سن اشاعت | صفحہ |
|---|---|---|---|
| ۱۔ | تلاش | ۱۹۸۶ | 9 |
| ۲۔ | آزاد فضائیں | ۱۹۹۰ | 138 |
| ۳۔ | خواب نگر | ۲۰۱۸ | 299 |
| ۴۔ | ادھورے خواب | ۲۰۱۸ | 420 |

## تاثرات

| نمبر شمار | عنوان | تحریر | صفحہ |
|---|---|---|---|
| ۱۔ | ماڈرن درویش یا معمہ؟ | جاوید دانش | 462 |
| ۲۔ | آؤ ڈاکٹر خالد سہیل کو ڈھونڈیں | یاسین بیگ | 471 |
| ۳۔ | مرشد مستور | سید حسین حیدر | 475 |
| ۴۔ | ڈاکٹر خالد سہیل اور ان میں پوشیدہ عورت | گوہر تاج | 478 |

خواب در خواب

## سچ کی تلاش میں

میرے شاعری کے پہلے مجموعے کا نام، تلاش، تھا اور وہ تلاش کا سفر آج بھی جاری ہے۔

میں جب اپنے ماضی کی طرف نگاہ اٹھاتا ہوں تو مجھے یوں محسوس ہوتا ہے جیسے میں پچھلی چند دہائیوں سے سچ کی تلاش میں نکلا ہوا مسافر ہوں۔ میرے لیے یہ سفر عرفانِ ذات سے عرفانِ کائنات کا سفر رہا ہے۔ مجھے کئی دفعہ اس حقیقت کا احساس ہوا کہ

اپنی ذات سے غافل ہوں
آنکھیں ہیں اور اندھا ہوں

لیکن جب میں اس سفر میں آگے بڑھتا چلا گیا تو پھر مجھے اس کیفیت کا عرفان ہوا کہ

میں اپنی ذات کی گہرائیوں میں جب اترتا ہوں
اندھیروں کے سفر میں روشنی محسوس کرتا ہوں

اس طویل اور پیچیدہ سفر میں میرے لیے اپنے مشاہدے اور تجربے کی ترسیل زیادہ اہم اور صنف کا چناؤ ثانوی رہا ہے۔ میں نے غزلیں بھی لکھی ہیں، نظمیں بھی، مقالے بھی تخلیق کیے ہیں افسانے بھی، انٹرویو بھی دیے ہیں اور عالمی ادب کے شہ پاروں کے تراجم بھی کیے ہیں۔ میرے لیے میرے فن پارے میرے اور قاری کے درمیان محبت کے پل تعمیر کرتے ہیں۔ ان پلوں سے گزر کر الفاظ میرے جذبات احساسات، خیالات اور نظریات قاری کے ذہن و قلب تک پہنچاتے ہیں۔ ایک لکھاری ہونے کے ناطے چونکہ میں ابلاغ کو بہت اہمیت دیتا ہوں اس لیے میں فلسفیانہ بھول بھلیوں میں کھونے کی بجائے اپنے سچ کو عام فہم زبان میں بیان کرنے کی کوشش کرتا ہوں۔ میری نگاہ میں سہلِ ممتنع فن کا کمال ہے۔

ڈاکٹر خالد سہیل

جہاں تک موضوعات کا تعلق ہے اردو شاعری میں محبت ایک اہم موضوع ہے لیکن مشرقی روایات کی وجہ سے اردو کے شاعر کی محبوبہ اس کی شریکِ سفر نہیں بن پاتی اور شریکِ حیات اس کی محبوبہ نہیں ہوتی۔ اس لیے اردو شاعری میں ہجر کا ذکر زیادہ ہے اور وصل کا تزکرہ نہ ہونے کے برابر۔ مشرق کا شاعر اور عاشق ایک داخلی تضاد کا شکار ہے۔

بقول منیر نیازی

مجھے تجھ سے محبت ہے
بس اتنی بات کہنے کو
لگے بارہ برس مجھ کو

میں اس حوالے سے خوش قسمت رہا ہوں کہ مغرب میں زندگی گزارنے کی وجہ سے مجھے ہجر کی نسبت وصل زیادہ ملا ہے اسی لیے میں نے لکھا ہے

ہجر کے برسوں پر بھاری
وصل کا میں اک لمحہ ہوں

اردو کے وہ شاعر جو مشرق سے مغرب میں آبسے ہیں ان میں سے اکثر کا سفر ہجر کے کرب سے ہجرت کے کرب تک کا سفر رہا ہے۔ ان کی شاعری میں نوسٹلجیا کا دکھ زیادہ ملتا ہے اور زندگی سے لطف اندوز ہونے کا سکھ کم۔ میں نے جب اپنی زندگی کی شامیں اپنی محبوبہ کے ساتھ گزاریں تو لکھا

نئے مقام پہ محبوب بھی نئے پائے
جزائیں ملتی رہی ہیں ہمیں یہ ہجرت کی

اردو کے مہاجر شاعر سزاؤں کا ذکر تو کرتے ہیں جزاؤں کا نہیں۔ لیکن اس وصل میں جہاں رومانس اہم تھا وہیں محبوب سے دوستی بھی اہم تھی۔

؎ وصل کی لذتوں کا مزا چھوڑ کر
آؤ کچھ دیر کو ہم بھی باتیں کریں

اردو شاعری اور ادب میں عورت اور مرد کا رشتہ روایتی رشتہ ہی رہتا ہے جس میں جنس اور شادی تو در آتے ہیں لیکن دوستی نہیں ہو پاتی۔ مغرب میں جب میرے عورت سے رشتے میں محبت، رومانس اور دوستی گھل مل گئے تو میں کہہ سکا

؎ تو مری دوست بھی ہمراز بھی محبوبہ بھی

اپنے سچ کی تلاش میں جب میں نے اپنے معاشرے کے مذہبی اعتقادات اور ماحول کی فرسودہ روایات کو پیچھے چھوڑا اور آگے بڑھ کر انسان دوستی کو گلے لگا لیا۔ اس روایت نے نہ صرف مجھے احترامِ آدمیت کا درس پڑھایا بلکہ یہ بھی بتایا کہ ہم سب انسان چاہے کسی بھی رنگ، نسل، زبان اور مذہب سے تعلق رکھتے ہوں دھرتی ماں کے بچے ہیں۔ ہم ہزاروں سالوں کے سفر کے بعد اکیسویں صدی میں اس دوراہے پر کھڑے ہیں جہاں یا تو ہم پوری انسانیت کو ارتقا کی اگلی منزل تک لے جائیں گے اور اسی زمین پر جنت الفردوس بنائیں گے اور یا اجتماعی خودکشی کے مرتکب ہوں گے۔

میری نگاہ میں ہر قوم کے ارتقا کے لیے ضروری ہے کہ وہ فنونِ لطیفہ کو فروغ دے۔ چاہے وہ شاعری ہو افسانہ، فلم ہو یا ڈرامہ، رقص ہو یا موسیقی، وہ سب انسانوں کی حسِ جمالیات کو فروغ دیتے ہیں۔ فنونِ لطیفہ ہمیں خوب سے خوب تر کی تلاش میں مدد کرتے ہیں تاکہ ہمارے دلوں کی کھڑکیاں اور دماغوں کے دروازے کھلے رہیں اور ہم گناہ و ثواب سے اوپر اٹھ کر زندگی کے سوز و

گداز سے محظوظ ہو سکیں۔ جس قوم میں فنونِ لطیفہ فروغ نہیں پاتے وہاں سیاسی شدت پسندی اور مذہبی تشدد پسندی پروان چڑھتے ہیں اور وہاں کے عوام اخوت اور محبت کی بجائے تعصب اور نفرت کا شکار ہو جاتے ہیں۔ وہاں کے رہنما ادیبوں اور شاعروں، فنکاروں اور دانشوروں پر فتوے لگانے شروع کر دیتے ہیں اور انہیں یا تو جیل بھیج دیتے ہیں، ملک بدر کر دیتے ہیں اور یا سولی پر چڑھا دیتے ہیں۔

میری نگاہ میں ہر دور کا ادیب اور شاعر، فنکار اور دانشور، سچ کی تلاش میں نکلا ہوا مسافر ہے جو ظلم، جبر اور جھوٹ کے خلاف احتجاج کرتا ہے، جنگ کی آگ کو بجھاتا ہے اور محبت، امن اور آشتی کے خواب دکھاتا ہے۔ فنکاروں اور دانشوروں کا یہ قافلہ ازل سے چل رہا ہے اور ابد تک چلتا رہے گا۔ میری یہ خوش قسمتی ہے کہ میں بھی اسی قافلے کا ایک مسافر ہوں۔ مجھے امید ہے کہ میری غزلیں اور نظمیں آپ کو نہ صرف میرے سفر کی کہانی سنائیں گی بلکہ اپنے سچ کی تلاش کے سفر پر آمادہ بھی کریں گی۔

میں نے، خواب در خواب، میں اپنی پچاس سالہ مطبوعہ اور غیر مطبوعہ غزلوں، نظموں قطعات و فردیات، کو یکجا کیا ہے۔ یہ تخلیقات انسانیت کے نام میرے محبت نامے ہیں۔

خالد سہیل
دسمبر ۲۰۱۸

# „تلاش„

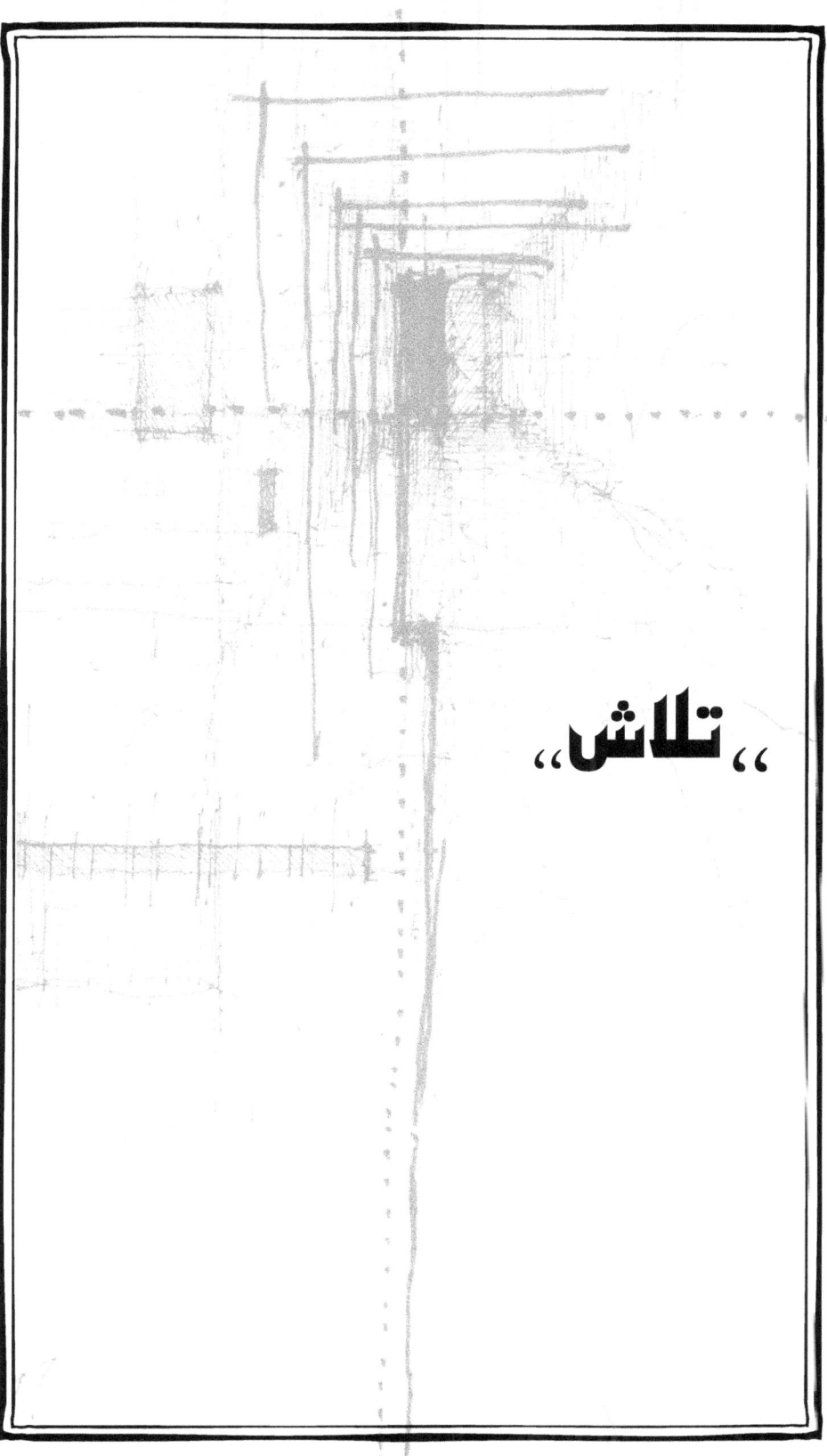

# انسان کے نام

# فہرست

ڈاکٹر خالد سہیل

- میری آنکھوں سے 19

**- چلو غزل کی نئی اک زباں تلاش کریں**

- ۔ہم اپنی راکھ میں چنگاریاں تلاش کریں 22
- آنکھیں ہیں اور اندھا ہوں 23
- دھڑکتے قلب کی ہم لغزشوں میں زندہ ہیں 24
- جو پھول توڑتے ہیں باغباں کے بچے ہیں 25
- کاش ماں باپ نئے سانچوں میں ڈھالے جائیں 26
- کتنے ارماں کہ تری ذات کو عریاں دیکھیں 27
- اپنے ماحول سے آزاد فضائیں مانگیں 28
- ہر شخص کو قطرے میں سمندر نہیں ملتا 29
- کتنا نازک کتنا معطر دیکھا ہے انداز ہوا کا 30
- خالد زیست کے معنی ہیں اک سندر سی محبوب حسینہ 30
- اہلِ جنوں کے دور کو دیوانہ چاہیے 31
- اب نوح کی کشتی سے کوئی ہم کو پکارے 32
- دل میں کیوں ہوک سی اٹھتی ہے دعا سے پہلے 33
- بہت سے بچوں کو دیکھا ہے خودکشی کرتے 34
- رتجگوں کے خوف شاموں کو مسلسل ہو گئے 35
- بہت سے عاقل و دانا ہیں نونہالوں میں 36
- مجھ کو کیوں فکر لگی رہتی ہے انسانوں کی 37
- کریں تو کس پہ یہاں قلب و جاں نثار کریں 38
- جب ہر اک شخص مسیحا ہو گا 39

خواب در خواب

| | |
|---|---|
| 40 | اپنے ہاتھوں کا کیا ہے یارو |
| 41 | کس سادگی سے رات وہ کیا بات کر گیا |
| 42 | چار دیواریں جہاں دیکھیں انھیں گھر سمجھیں |
| 43 | کچھ کو اوہام دے گیا سورج |
| 44 | کچھ اس طرح کی بھی ہم نے بغاوتیں دیکھیں |
| 45 | بہت سے دوست ملے مجھ کو نکتہ چینوں میں |
| 46 | وہ عادت تھا جو نام خدا لیا ہم نے |
| 47 | راتیں میری قسمت تو سحر کس کے لیے ہے |
| 48 | کتنے ایماں یہاں وہم و گماں تک پہنچے |
| 49 | مدتوں دیکھا ہے اک خواب ادھورا ہم نے |
| 50 | اس کا ہر لفظ دعا لگتا ہے |
| 51 | رفاقتوں کے بھرم راستوں کی باتیں ہیں |
| 52 | وہ سارے خواب جو بے خوابیوں میں اترے ہیں |
| 53 | تعبیروں کی آہٹ پا کر خالد کب سے جاگ رہا ہے |

**تجھ کو پایا تو مری خود سے ملاقات ہوئی**

| | |
|---|---|
| 55 | عورت |
| 55 | ایک شعر |
| 55 | قطعہ |
| 56 | پہلا رقص |
| 60 | بزدلی |
| 60 | برف کے پتلے |
| 61 | سوچتا ہوں۔۔۔ |

ڈاکٹر خالد سہیل

| | |
|---|---|
| 62 | اک دھنک پھیل رہی ہے میرے افسانوں میں |
| 62 | اک قیامت عجیب ڈھا کے گئی |
| 63 | محبتوں کا یہ پیہم سراب کیسا ہے |
| 63 | ہمارے جسموں نے اللہ سے شکایت کی |
| 64 | مرے سفر کی عطا آگہی کی صبحیں ہیں |
| 65 | ثواب تھا کہ گنہ میں نے بار بار کیا |
| 66 | ترے وصال کی ہر رات تھی قیامت کی |
| 67 | میرے پہلو میں بہت سے دل ہیں |
| 68 | تکمیل |
| 70 | کیا خیال ہے؟ |
| 71 | عورت سے رشتہ |

## یہ مرا جسم ہے یہ مری زندگی

| | |
|---|---|
| 73 | خون کے آنسو |
| 75 | سرخ دائرہ |
| 77 | یہ مرا جسم ہے یہ مری زندگی |
| 78 | حاملہ |
| 79 | ماں بننے سے پہلے اور بعد |
| 82 | تسلی |
| 83 | Lesbian |
| 87 | سوکن |
| 87 | ایک عورت ۔ دوسری عورت سے |
| 88 | سوال |

- جوانی ......................................... 90
- بیوہ کی چتا ...................................... 91

## روح کے زخم...
### اپنے ذہنی مریضوں کی کہانی

- خود کلامی مرا مقدر ہے ........................... 93
- اب میں انسانوں سے ہوں گھبراتا .................. 93
- سارے انساں سراب ہوں جیسے ..................... 93
- روح کے زخم .................................... 94
- موت میں اب سکوں نظر آئے ..................... 95
- خودکشی میں نہ کامیاب ہوئے ..................... 98
- ایک موڑ ....................................... 99

## کہاں سے آئے گا آزاد نوجواں کوئی

- ہم اپنی ذات میں گھٹ گھٹ کے روز مرتے ہیں ..... 103
- سنائے جبرِ مسلسل کی داستاں کوئی ................ 104
- شہرِ محبوس ..................................... 105
- اٹھے ہیں ہاتھ مگر بانجھ ہیں دعائیں اب ............ 106
- بوڑھا فوجی ..................................... 107
- دلوں میں خون ابلتا رہا ہے برسوں سے ............. 109
- کھڑکیاں کھول دو اب تازہ ہوا آنے دو .............. 110

- دیتے رہیں گے بچوں کو ہجرت کا مشورہ
- گھر سے چلے تو اپنا مقدر سنور گیا ... 111
- آزمائش ... 112
- دو آوازیں ... 113
- بے نام مسافت ... 115
- جسے بھی سمجھیں ہم اپنا وہی ہے گھر اپنا ... 116

- **میرے محسن**

- والدین کی شادی کی تیسویں سالگرہ کے موقع پر ... 117
- **آج انسان ترستا ہے سہاروں کے لیے**

- انسان ... 118
- آئینہ دیکھوں تو ڈر جاتا ہوں ... 118
- آگہی ... 119
- دائمی سفر ... 119
- زندگی ... 120
- مگر ایک بچہ پریشاں کھڑا ہے ... 120
- دلوں کے ظرف جو ٹوٹے تو کرچیاں بکھریں ... 121
- انسان اور زندگی ... 121
- کچھ لوگ ... 122
- الفاظ اور ہم ... 123
- محبت ... 125

| | |
|---|---|
| • خواب | 126 |
| • رختِ سفر | 127 |
| • جراتِ رندانہ | 129 |
| • جزیرہ | 130 |
| • کب تک | 131 |
| • ہم نے سب کشتیاں جلا دی ہیں | 132 |
| • طوفان گزر چکا ہے | 132 |
| • پیشین گوئی | 133 |
| • تلاش | 134 |

(18)

خواب در خواب

خواب در خواب

(19)
# میری آنکھوں سے

ڈاکٹر خالد سہیل

چاند تو وہی ہے لیکن جب اسے ایک بچے، ایک بوڑھے، ایک نجومی یا ایک شاعر کی نگاہوں سے دیکھا جائے تو اس کے خد و خال، اس کے داغ اور اس کے معنی بدل جاتے ہیں۔

زندگی بھی چودھویں کے چاند کی طرح وقت کے دوش پر خراماں خراماں آگے بڑھ رہی ہے ہم سب اسے اپنے اپنے انداز سے دیکھتے ہیں، محسوس کرتے ہیں اور دل کی گہرائیوں میں جذب کر لیتے ہیں کسی کو وہ حسین نظر آتی ہے اور کسی کو بد صورت۔

بعض لوگ زندگی سے شاکی ہیں اور بعض اس کے شکر گزار اور بعض سمجھتے ہیں کہ زندگی ماں ہے اور ہم اس کے بچے اور کہتے ہیں کہ بن روئے تو ماں بھی بچے کو دودھ نہیں پلاتی۔

میں کاروانِ ذیست کے ان خوش قسمت مسافروں میں سے ہوں جن کی زندگی میں

خوشیاں زیادہ اور غم کم ہیں

مسکراہٹیں زیادہ اور آنسو کم نصیب ہوئے۔

شامِ فراق کی نسبت شبِ وصال زیادہ میسر آئیں۔

میرے بچپن میں اہلِ خاندان، لڑکپن میں اساتذہ اور جوانی میں دوستوں نے مجھے بہت پیار اور خلوص دیا۔۔۔ شاید یہی وجہ ہے کہ مجھے زندگی سے محبت اور انسانوں پر اعتبار کرنے میں زیادہ دقت نہ ہوئی۔

اپنے سفر کے ہر موڑ پر میری ملاقات عورت سے ہوئی۔۔۔ میری ماں، میری بہن، میری دوست، میری محبوبہ۔۔۔ ہر قدم پر میں نے اسے قربانیاں دیتے دیکھا اور اس دن کا انتظار کرتے ہوئے پایا جب وہ اپنے ماحول سے مردوں کے برابر لطف اندوز ہو سکے گی اور معاشرہ اسے مرد کے برابر قبول کر سکے گا۔

میری ذات اور شخصیت کے ارتقا میں عورت کی رفاقتوں نے اہم کردار ادا کیا ہے۔

مجھے ماہرِ نفسیات ہونے کی وجہ سے ان انسانوں کے ساتھ بھی دو چار قدم چلنے کا موقع ملا جن کے ساتھ زندگی اور دوسرے انسانوں نے سوتیلے بچوں کا سا سلوک کیا۔ وہ لوگ جو اپنی ذات کا توازن

قائم رکھنے کی جد و جہد میں ذہنی توازن کھو بیٹھے۔۔۔وہ تنہائیوں کے دوزخ میں سلگتے رہے۔۔۔اپنے ماحول اور بنی نوع انسان سے کٹ کے رہ گئے۔ مجھے ان ہمسفروں نے نئی بصارتیں اور بصیرتیں عطا کیں۔

میں زیست کی راہوں میں ان سرنگوں سے بھی گزرا جب اپنے ماحول کو اپنی ذات پر تنگ ہوتے ہوئے پایا۔۔۔ گھٹن اور حبس کا احساس بڑھنے لگا۔ اپنے گھر سے اجنبیت ہونے لگی۔ چنانچہ میں ہجرت کی وادیوں سے گزرتا ہوا اپنی ذات اور کائنات سے ایک نیا رشتہ دریافت کرنے نکل کھڑا ہوا۔ یہ جستجو مجھے اس مقام پر لے آئی جہاں دھرتی اور انسانیت ایک ہو گئے۔ یہ ذات اور کائنات کے عرفان کی پہلی منزل تھی۔

یہ سفر آج بھی جاری ہے

نئے رشتوں کی تلاش

نئے راستوں کی تلاش

نئی منزلوں کی تلاش

مجھے یقین ہونے لگا کہ انسان ایک ازلی و ابدی مسافر ہے

میری ذات کے سفر میں مجھ پر جو گزری اس کی چند جھلکیاں آپ کو میری تخلیقات میں ملیں گی۔ اگر میں آپ کو زندگی، انسان، عورت اور اپنے ماحول کو اپنی آنکھوں سے دکھانے میں کامیاب ہو سکوں تو میرے سفر کی دوسری منزل ہو گی اور میں کہہ سکوں گا۔

فیض تھی راہ سر بسر منزل

ہم جہاں پہنچے کامیاب آئے

خالد سہیل

ڈاکٹر خالد سہیل

# ۱۔ غزل

نئی زمین نیا آسماں تلاش کریں
چلو غزل کی نئی اک زباں تلاش کریں

ہر ایک بار نئی منزلیں تعین ہوں
نئے شریکِ سفر کارواں تلاش کریں

تمام شہر سے ملتی ہوں جس کی دیواریں
ہم اپنے شہر میں ایسا مکاں تلاش کریں

گلوں کے راز بھی کانٹوں کی بات بھی سمجھے
کچھ اس ڈگر کا کوئی باغباں تلاش کریں

دیارِ غیر کی شمعوں سے کیا نہیں بہتر
ہم اپنی راکھ میں چنگاریاں تلاش کریں

دلوں کے جلنے کی ہم کو جو دے خبر خالدؔ
ہوائے شہر میں ایسا دھواں تلاش کریں

## ۲۔ غزل

دھرتی کو میں ترساہوں
بارش کا اک قطرہ ہوں

بحر کی جانب سرگرداں
بے چینی کا دریا ہوں

تشنہ ہوں سیرابی میں
سورج کا میں سایہ ہوں

ہجر کے برسوں پر بھاری
وصل کا میں اک لمحہ ہوں

اپنی ذات سے غافل ہوں
آنکھیں ہیں اور اندھا ہوں

ڈاکٹر خالد سہیل

# ۳۔ غزل

یہ کس سلیقے سے ہم پانیوں میں زندہ ہیں
حیاتِ خضر لیے بلبلوں میں زندہ ہیں

خوشی کا جشن منائیں نہ غم کا سوگ کریں
یہ کیا عذاب ہے کن بے حسوں میں زندہ ہیں

ہر ایک نسل نئی منزلوں کی خواہاں ہے
سبھی شریک سفر ہجرتوں میں زندہ ہیں

گھروندے مٹی کے ہر سال ہم بناتے ہیں
نجانے کب سے یہاں بارشوں میں زندہ ہیں

نئے خیال کنول ہیں ابھرتے آتے ہیں
شعورِ ذات کی ہم دلدلوں میں زندہ ہیں

کیے ہیں دفن گناہ و ثواب کے جھگڑے
دھڑکتے قلب کی ہم لغزشوں میں زندہ ہیں

اگست ۱۹۸۴

## ۴۔ غزل

وہ جس کی بھی آغوشِ جاں کے بچے ہیں
نویدِ صبح ہیں سارے جہاں کے بچے ہیں

ہر ایک گھر کو جو حیرانیوں سے تکتے ہیں
وہ جس کی چھت ہی نہیں اس مکاں کے بچے ہیں

چمن کا اس سے بڑا المیہ بھی کیا ہوگا
جو پھول توڑتے ہیں باغباں کے بچے ہیں

ہمیں تو جتنے یہاں محتسب ملے سب کا
پتہ چلا کہ وہ پیرِ مغاں کے بچے ہیں

طلاق یافتہ ماں باپ کے حسیں بچے
کبھی تو باپ کبھی اپنی ماں کے بچے ہیں

ڈاکٹر خالد سہیل

# ۵۔ غزل

بت بنیں، دل کے جھروکوں میں سجائے جائیں
سب خداؤں کی یہ خواہش کہ وہ چاہے جائیں

کب سے دوراہے پہ یہ پوچھ رہے ہیں خود سے
کس کی امید ہے کیا سوچ کے آگے
جائیں

ہر نئے زخم سے عرفان کی ٹیسیں اٹھیں
اب مرے زخموں پہ مرہم نہ لگائے جائیں

اپنے کھیتوں کی جو سیرابی کو آئیں دریا
ہم کو خدشہ ہے گھروں کو نہ بہالے جائیں

ہر نئی نسل کے بچوں کی تمنا خالدؔ
کاش ماں باپ نئے سانچوں میں ڈھالے جائیں

-۱۹۸۵-

خواب در خواب

## ۶ - غزل

حجلہ قلب میں جھانکیں تو یہ پنہاں دیکھیں

کتنے ارماں کہ تری ذات کو عریاں دیکھیں

ان رئیسوں کی تجھے دیکھ کے یاد آتی ہے

جن کی ہر چیز کو بس دور سے مہماں دیکھیں

کتنے انسان ہیں دنیا میں جزیروں کی طرح

ہر تعلق سے جنہیں لوگ گریزاں دیکھیں

جن پہ محفل میں تقدس کا گماں ہوتا ہے

ان کو تنہائی میں دیکھیں تو پشیماں دیکھیں

اپنے ایمانوں کو انسان سنورتے پائیں

جب خداؤں کا لرزتا ہوا ایماں دیکھیں

موم کی طرح ہر اک شخص پگھلتا جائے

اور کچھ لوگ یہ چاہیں کہ چراغاں دیکھیں

اکتوبر ۱۹۸۴

ڈاکٹر خالد سہیل

# ۷۔ غزل

یخ زدہ شہر میں کیا کیا نہ دعائیں مانگیں
سرد سورج سے حرارت کی قبائیں مانگیں

بام و در بند ھیں ذہنوں میں گھٹن
چھائی ہے
ہم نے ہمسایوں سے کچھ تازہ ہوائیں
مانگیں

اپنے یاروں سے بھی اظہارِ تمنا کے لیے
المیہ یہ ہے کہ غیروں سے صدائیں مانگیں

اپنے ٹھٹھرے ہوئے جذبات کی مجبوری سے
اجنبی جسموں سے قربت کی ردائیں مانگیں

اپنی پرواز کا اندازہ لگانے کے لیے
اپنے ماحول سے آزاد فضائیں مانگیں

لذت آزادی کے معبد کا مجاور ہو گا
جس نے محبوب خداؤں سے جفائیں مانگیں

اپنے بچپن کا کچھ اس درجہ اثر ہے خالدؔ
نیکیاں کرتے رہے اور سزائیں مانگیں

فروری ۱۹۸۵

# ۸۔ غزل

ہر سیپ کی آغوش میں گوہر نہیں ملتا
ہر شخص کو قطرے میں سمندر نہیں ملتا

ہم لوگ بھی کیا سادہ ہیں کہتے ہیں اسے حق
نساں کو جو محنت کے برابر نہیں ملتا

جس دشتِ جنوں میں ہو سوا نیزے پہ سورج
اس دشت میں سائے کا بھی پیکر نہیں ملتا

محرومی کی معراج کہ ہر یاد ہے عنقا
اب آنکھ کو خوابوں کا بھی منظر نہیں ملتا

اس شہر کی ہر شام سرابوں کی امیں ہے
میخانہ تو مل جاتا ہے ساغر نہیں ملتا

صدیوں کی ریاضت سے بنا کرتا ہے خالدؔ
ہر قوم کو دنیا میں پیمبر نہیں ملتا۔۔!

مار

ڈاکٹر خالد سہیل

۹۔ دو شعر

گلشن گلشن خوشبو پھیلی قریہ قریہ اس کی آہٹ

کتنا نازک کتنا معطر دیکھا ہے انداز ہوا کا

سورج چمکا بادل برسے قوس قزح نے رنگ بکھیرے

لیکن شوخ ہے ان رنگوں سے رنگ جو ہے اس دست حنا کا

جنوری ۱۹۸۵

۱۰۔ دو شعر

موسیقی کی تانیں دیپک خاموشی اک رمز و کنایہ

دل کی دھڑکن غم کا جھرنا بچوں کی آوازیں نغمہ

صبحیں روشن شامیں رنگیں حسن غضب کا عشق قیامت

خالد زیست کے معنی ہیں اک سندر سی محبوب حسینہ

جنوری ۱۹۸۵

# ۱۱۔ غزل

شیشوں کو دیکھ کر ہمیں مر جانا چاہئے
اس کے لیے بھی جرأت رندانہ چاہئے

پاؤں کی بیڑیوں کی ازل سے یہ آرزو
جھکتے سروں کو راہ میں کٹ جانا چاہیے

اہل خرد کی بزم کو عاقل کی جستجو
اہل جنوں کے دور کو دیوانہ چاہئے

خوں بہہ رہا ہے پھر بھی مسیحا کا ہے خیال
جتنا ہے زہر جسم کا بہہ جانا چاہئے

آہ وفغاں کا صدیوں سے یزداں کا مشورہ
بچوں کو پیدا ہوتے ہی مسکانا چاہئے

آشوب زندگی تھا رسولوں کا گر جواز
اس عہد میں تو روز ہی اک آنا چاہئے

اگست ۱۹۸۴

# ۱۲۔ غزل

طوفان کی زد میں ہیں جہاں بھر کے سہارے
اب نوح کی کشتی سے کوئی ہم کو پکارے

وہ نسل ہمیشہ ہی تہی دست رہے گی
ہر موڑ پہ اجداد کے جو قرض اتارے

کیا سادہ ہیں ہم لوگ بڑھے جائیں سر راہ
بچوں کی طرح لے کے انائوں کے غبارے

ہے ذات کا عرفان کہ رسوائی کی معراج
پیشانی پہ کندہ ہیں سبھی راز ہمارے

سورج کی یہ خواہش ہے کہ راتوں کو بھی چمکے
صدیوں کے تغافل کا وہ یوں قرض اتارے

ستمبر ۱۹۸۴

## ۱۳۔ غزل

کتنی محتاج تھی شب صبح عطا سے پہلے
ہم تھے مقہورِ جفا تیری وفا سے پہلے

ہم نے اظہارِ تمنا کے سفر میں جانا
کتنی خاموش منازل ہیں صدا سے پہلے

شوق کی بھول بھلیوں میں یہ عرفان ہوا
راہزن کتنے ملے راہ نما سے پہلے

کاش ممکن ہو کہ اک روز خدا سے پوچھیں
دل میں کیوں ہوک سی اٹھتی ہے دعا سے پہلے

لوریاں دے کے ہمیں جان بھی لے لی خالدؔ
زیست ہے شامِ سزا روزِ جزا سے پہلے

-۱۹۸۴-

## ۱۴۔ غزل

یہ آرزو تھی کہ خوشبو سے دوستی کرتے
گلوں کے دل میں بسر ہم بھی زندگی کرتے

ہماری نسل کو وہ کربِ آگہی کے ملے
بہت سے بچوں کو دیکھا ہے خودکشی کرتے

سفرِ حیات کا کس تیرگی میں کاٹا ہے
چراغِ ذات جلاتے تو روشنی کرتے

سبھی نے ساقی کو تحفے بقدرِ ظرف دیے
ہمیں وہ ملتا تو ہم پیش تشنگی کرتے

مرے قلم کی خموشی یہ کہہ رہی ہے سہیلؔ
کچھ اپنے دل پہ گزرتی تو شاعری کرتے

-۱۹۸۴-

خواب در خواب

## ۱۵۔ غزل

رشتوں ناتوں کے قدم تھک تھک کے بوجھل ہو گئے
سرد تھے موسم یہاں جذبات بھی شل ہو گئے

خاندانوں کے سروں پر کچھ عجب آسیب تھے
دردِ دل کے سب مسیحا خود ہی پاگل ہو گئے

کیا بھیانک خواب تھے آغوشِ مادر میں نہاں
لوریاں سنتے ہوئے بچے بھی بیکل ہو گئے

رفتہ رفتہ زندگی اس دور میں داخل ہوئی
رتجگوں کے خوف شاموں کو مسلسل ہو گئے

خواہشوں کے چار سو بکھرے ہوئے بادل سہیل
اک ہوا ایسی چلی نظروں سے اوجھل ہو گئے

مئی ۱۹۸۵

## ۱۶۔ غزل

وہی شراب پرانی نئے پیالوں میں

وہی خیال پرانے نئے حوالوں میں

کوئی یہ ماؤں سے کہہ دے خیال رکھیں ذرا

بہت سے عاقل و دانا ہیں نونہالوں میں

طویل عمر ملے بھی تو اس سے کیا حاصل

کٹیں جو آخری سال اپنے ہسپتالوں میں

میں دل شکستہ ہوں اتنا کہ صاف ظاہر ہے

بہت سا طنز چھپا ہے مرے خیالوں میں

پیوں شراب میں خالد تو شرم آئے مجھے

کسی نے زہر پیا ہے انہی پیالوں میں

-۱۹۸۳-

خواب در خواب

## ۱۷۔ غزل

کتنی حکمت ہے ہر اک بات میں دیوانوں کی
اک حقیقت ہے چھپی کو کھ میں افسانوں کی

یہ ہے داناؤں کا احسان کہ اک مدت سے
غور سے سنتے ہیں ہر بات جو نادانوں کی

اب تو ساقی پہ بھی ہوتا ہے تقدس کا گماں
ریت بدلی سی نظر آتی ہے میخانوں کی

المیہ ہے کہ گھٹن ہوتی ہے گھر میں۔۔۔ لیکن
کتنی آسودہ فضا ہے ترے زندانوں کی

نہ کوئی دوست نہ ساتھی ہے نہ ہمسایہ کوئی
بستیاں کتنی ہیں اس دور میں بیگانوں کی

تو ہے انسانوں کا خالق تو پھر اے میرے خدا
مجھ کو کیوں فکر لگی رہتی ہے انسانوں کی

اپریل ۱۹۸۳

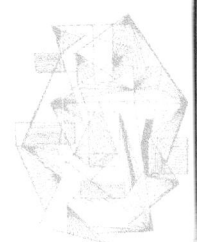

ڈاکٹر خالد سہیل

## ۱۸۔ غزل

ہر اک خدا کا جہاں میں جو اعتبار کریں
کریں تو کس پہ یہاں قلب و جاں نثار کریں

کسی سے قلبی تعلق میں کامیاب وہی
جو اپنی ذات کی گہرائیوں سے پیار کریں

قبائے عیش کی سج دھج جنہیں پسند آئی
لباس زہد کو خود ہی وہ تار تار کریں

ہماری ذات ملی ہم کو جن گناہوں سے
ہم ان گناہوں پہ پھر کیوں نہ افتخار کریں

اگست ۱۹۸۴

## ۱۹۔ غزل

جانے کس کرب سے گزرا ہو گا
جس نے انسانوں کو چاہا ہو گا

اہلِ تاریخ بتاتے ہیں ہمیں
اپنا دشمن سے بھی رشتا ہو گا

زخم ہے ایک ہزاروں ناخن
جانے کس طور وہ اچھا ہو گا

کتنے انسان ہیں اس دنیا میں
ایک بھی دوست نہ جن کا ہو گا

میں بھی انسان ہوں تو بھی انساں
رشتہ کیا اس سے زیادہ ہو گا

ہم کو اس دور کی خالدؔ ہے امید
جب ہر اک شخص مسیحا ہو گا

مارچ ۱۹۸۴

۲۰۔ دو شعر

خندہ پیشانی سکھائی جس نے
ہم نے وہ زخم سہا ہے یارو

شکوہ کرتے بھی تو کس سے کرتے
اپنے ہاتھوں کا کیا ہے یارو

-۱۹۷۳-

## ۲۱۔ غزل

دن کو تلاشِ رزق میں میں دربدر گیا
سورج ڈھلا تو شام کو مایوس گھر گیا

برسوں کی دوریوں کا ازالہ ہوا تو یوں
وہ میری چند شاموں میں کچھ رنگ بھر گیا

ماضی کے زخم پوچھتے تھے مجھ سے رات بھر
آیا ترے قریب تو کیوں آ کے ڈر گیا

مخفی تھے لفظ لفظ میں صدیوں کے کتنے راز
کس سادگی سے رات وہ کیا بات کر گیا

اس کی نگاہِ لطف نے یہ کام تو کیا
مجھ کو بہار ہی ملی خالدؔ جدھر گیا

مئی ۱۹۸۴

## ۲۲۔ غزل

خود فریبی میں سرابوں کو سمندر سمجھیں
المیہ یہ کہ انہیں اپنا مقدر سمجھیں

دربدر اتنے پھرے گھر کا تصور نہ رہا
چار دیواریں جہاں دیکھیں انھیں گھر سمجھیں

عین ممکن ہے کہ الفاظ نہ بدلیں لیکن
کل کے انسان انہیں ہم سے بھی بہتر سمجھیں

ہم وہ شیشہ ہیں جو آئینہ دکھائے سب کو
لوگ کیا سادہ ہیں بیکار کا پتھر سمجھیں

وقت نے درد کے ساغر میں پلایا درماں
کل کے کافر کو سبھی آج پیمبر سمجھیں

ہم نے اوتار جو پرکھے تو اٹھی دل سے دعا
کاش انسانوں کو انسانوں کا رہبر سمجھیں

دل کے آشوب وہ محشر ہیں کہ جن کو خالد
ہم کبھی روح کے اندر کبھی باہر سمجھیں

مئی ۱۹۸۴

## ۲۳۔ غزل

دن کا انعام دے گیا سورج

شب کا پیغام دے گیا سورج

رات بھر صبح کی تلاش کرو

ہم کو کیا کام دے گیا سورج

دھوپ کی پر خمار حدت کا

سب کو اک جام دے گیا سورج

دن کی تپتی حرارتوں کے بعد

اک خنک شام دے گیا سورج

پا گئے کچھ یقین سورج سے

کچھ کو اوہام دے گیا سورج

اگست ۱۹۸۴

## ۲۴۔ غزل

جبیں پہ جن کے منقش عبادتیں دیکھیں
دلوں میں ان کے ہی ہم نے عداوتیں دیکھیں

چھپا چھپا کے سنائیں جو آشناؤں کو
گلی گلی میں نوشتہ حکایتیں دیکھیں

تمیز کرنا بھی چاہا تمیز کر نہ سکے
جو ہم نے رہبر و رہزن کی عادتیں دیکھیں

عجب ہے مہر کہ دن میں ہے خنکیوں کا اسیر
عجب ہے چاند کہ شب کو تمازتیں دیکھیں

کتاب کرب سے جب حرفِ آگہی مانگا
ورق ورق پہ مجلیٰ عبارتیں دیکھیں

ہر ایک شخص نے جن کو غریب جانا تھا
تمام شہر نے ان کی سخاوتیں دیکھیں

اطاعتوں کا ہی جن پر گماں گزرتا تھا
کچھ اس طرح کی بھی ہم نے بغاوتیں دیکھیں

دیارِ فکر و نظر کی سیاحتوں کے طفیل
بہت سے ذہنوں پہ اپنی شباہتیں دیکھیں

مئی ۱۹۸۴

# ۲۵۔ غزل

وفاشناس بہت کم تھے مہ جبینوں میں
تمام عمر گزاری ہے نازنینوں میں

بہار آئی ہے اب اہلِ دل سنبھل کے رہیں
گلاب درد کے کھلتے ہیں ان مہینوں میں

دلوں کو دیکھ کے اکثر گماں گزرتا ہے
وفا کا خون چھلکتا ہے آبگینوں میں

خموش آنکھوں کا افسوس کہ ایک لمحے میں
وہ کہہ گیا جو نہ میں کہہ سکا مہینوں میں

نہ بادبان تھے جن کے نہ ناخدا کوئی
سفر کیا ہے ہمیشہ انہیں سفینوں میں

وہ کیسے راز ہیں جن کو ہم اپنی ذات سے بھی
چھپائے پھرتے ہیں برسوں سے اپنے سینوں میں

مرے خلوص کا فیضاں دیکھنا خالدؔ
بہت سے دوست ملے مجھ کو نکتہ چینوں میں

-۱۹۷۶-

## ۲۶۔ غزل

صلیبِ زخم سے چہرہ سجا لیا ہم نے
کسی کے نقشِ تمنا کو پا لیا ہم نے

سمجھ نہ لینا کہ ہم کو بہت عقیدت تھی
وہ عادتاً تھا جو نام خدا لیا ہم نے

کہاں وہ دور بتوں کو خدا سمجھتے تھے
کہاں خدا کو بھی اک بت بنا لیا ہم نے

وہ ایک شخص جو برسوں سے بد گماں سا تھا
ہمیں ملا تو گلے سے لگا لیا ہم نے

نہ جانے کس نے ہمیں حوصلہ یہ بخشا ہے
کہ آسماں کو بھی خالدؔ جھکا لیا ہم نے

۔۱۹۷۶۔

خواب در خواب

## ۲۷۔ غزل

محنت میرا حصہ تو ثمر کس کے لیے ہے
راتیں میری قسمت تو سحر کس کے لیے ہے

بستی میں تو پھیلا ہے ہر اک سمت اندھیرا
ویرانے میں یہ چاند نگر کس کے لیے ہے

حقدار سبھی آج اِدھر بیٹھے ہیں آ کے
انصاف جھکا پھر بھی ادھر کس کے لیے ہے

دن رات مکیں گھر سے جو باہر ہی رہیں تو
کہتی ہے فضا گھر کی یہ گھر کس کے لیے ہے

بچپن سے بڑھاپے میں قدم رکھا تو سوچا
یہ عہدِ جوانی کا سفر کس کے لیے ہے

حوا نے یہ آدم سے کہا تیرے علاوہ
جنت میں یہ ممنوعہ شجر کس کے لیے ہے

منزل نے یہ گمراہ مسافر سے کہا تھا
برسوں سے تو مصروفِ سفر کس کے لیے ہے

مئی ۱۹۸۴

## ۲۸۔ غزل

رازِ درپردہ خدا جانے کہاں تک پہنچے
دل کی گہرائی سے جب نوکِ زباں تک پہنچے

برف کے تودے بخارات میں ڈھلتے دیکھے
کتنے ایمان یہاں وہم و گماں تک پہنچے

گھر میں ماں باپ نے آئینے جہاں بھی رکھے
ہاتھ بچوں کے بہرِ طور وہاں تک پہنچے

ایک بے نام مسافت کا یہ صدیوں سے سوال
کیسے خاموشی سے جذبات زباں تک پہنچے

ہم سے بے لوث محبت نے شکایت کی ہے
عشق کے شام و سحر سود و زیاں تک پہنچے

روح کے زخموں پہ مرہم سا لگا ہے خالدؔ
تیرے الفاظ مرے دردِ نہاں تک پہنچے

اپریل ۱۹۸۵

خواب در خواب

## ۲۹۔ غزل

ریت کے ٹیلوں کا پھر ڈھونڈا سہارا ہم نے
کتنے متروک خداؤں کو سراہا ہم نے

در بدر اتنے ہوئے اپنے ہی گھر کا رستہ
ایک چوراہے پہ ہر راہی سے پوچھا ہم نے

بہتے بہتے کسی دریا کے جلو میں آخر
چند قطروں کو سمندر میں اتارا ہم نے

صبحدم تاروں نے ہم سے یہی سرگوشی کی
رات بھر چاند کو پایا ہے اکیلا ہم نے

زیست کی تشنہ و کم رنگ ہیں تعبیریں ابھی
مدتوں دیکھا ہے اک خواب ادھورا ہم نے

کتنی پر نور شعاعوں کو پنپتے دیکھا
جب کسی رات کی آغوش میں جھانکا ہم نے

ہر نئے زخم سے معیار بدلتا ہے سہیلؔ
قربتوں کو نئے انداز سے پرکھا ہم نے

اپریل ۱۹۸۵

ڈاکٹر خالد سہیل

## ۳۰۔ غزل

اس کے ہونٹوں کی عطا لگتا ہے
اس کا ہر لفظ دعا لگتا ہے

موسمِ گل میں بھی زندہ رہنا
بعض لوگوں کو سزا لگتا ہے

بوڑھے ماں باپ کے مستقبل کا
اب تو ہر بچہ عصا لگتا ہے

آج کل رشتوں کا یہ عالم ہے
جو بھی نبھ جائے بھلا لگتا ہے

ڈوبنے والوں کا ایماں دیکھا
ان کو ہر تنکا خدا لگتا ہے

اپنے ماضی کے گرفتاروں کو
ہر عمل خون بہا لگتا ہے

دشتِ تنہائی میں اکثر خالدؔ
ہر شجر راہ نما لگتا ہے

۱۹۸۵

## ۱۳۔ غزل

کبھی قیام کبھی ہجرتوں کی باتیں ہیں
دیارِ غیر میں یہ بے گھروں کی باتیں ہیں

جدائیوں کے پیمبر نشانِ منزل کے
رفاقتوں کے بھرم راستوں کی باتیں ہیں

بہت یقین تھا جن پہ سواب ہوا معلوم
سنی سنائی یہ سب راویوں کی باتیں ہیں

ہم اپنے گھر میں جنہیں کافری سمجھتے ہیں
وہ سارے شہر میں پیغمبروں کی باتیں ہیں

بہار کلیوں کا بچپن خزاں بڑھاپا ہے
یہ موسموں کے سفر دائروں کی باتیں ہیں

عجب نہیں ہے کہ وہ کل نصاب میں ہوں گی
ہمارے دور کے جو نابغوں کی باتیں ہیں

سہیل ہم نے سنائی ہیں دھڑکنیں دل کی
سبھی سمجھتے رہے شاعروں کی باتیں ہیں

نومبر ۱۹۸۴

ڈاکٹر خالد سہیل

# ۳۲۔ غزل

کسے خبر ہے کہ کن پانیوں میں اترے ہیں
ہم اپنی روح کی گہرائیوں میں اترے ہیں

نکلنا چاہیں تو ہم لڑکھڑا سے جاتے ہیں
یہ کیا عذاب ہے کن دائروں میں اترے ہیں

کہاں سے ڈھونڈ کے لائیں گے ان کی تعبیریں
وہ سارے خواب جو بے خوابیوں میں اترے ہیں

ہر ایک شخص یہاں بدگماں سا لگتا ہے
ہمیں یقین تھا ہم ساتھیوں ہیں اترے ہیں

جو پانے آئے تھے معراجِ خود شناسی کو
وہ خود فریبی کی اب وادیوں میں اترے ہیں

جو مڑ کے دیکھا تو منزل پہ ہم ہی تنہا تھے
کہ جن پہ ناز تھا سب راستوں میں اترے ہیں

جولائی ۱۹۸۴

## ۳۳۔ غزل

سائل زیست کے دروازے پر کب سے کھڑا یہ دیکھ رہا ہے
بہرے کو اک گیت کا تحفہ اندھے کو اک پھول ملا ہے

آوازوں کے دریاؤں کی گہرائی جب جان نہ پائے
خاموشی کے کنکر نے پھر اتھلا پن پہچان لیا ہے

چہروں کے بازار میں ہم نے پیشانی پہ لکھا دیکھا
باطن سے جو شرمندہ ہے اس کا ظاہر خوب سجا ہے

قریہ قریہ ذکرِ جوانی محفل محفل اس پہ ناز
بچے بوڑھے سوچ میں گم ہیں جرم ہمارا آخر کیا ہے

غیروں کی تو بات ہی کیا ہے اپنوں سے نبھ جائے غنیمت
رشتوں کا خاموش سمندر طوفانوں کی نذر ہوا ہے

خوابوں کی مدہوش فضا میں شہر تو سارا خوابیدہ ہے
تعبیروں کی آہٹ پا کر خالد کب سے جاگ رہا ہے

اپریل ۱۹۸۵

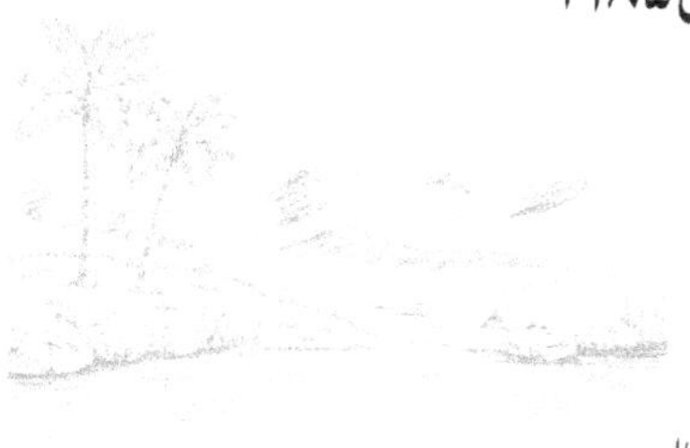

تجھ کو پایا تو مری خود سے ملاقات ہوئی

## ۳۴۔ عورت

اپنی تنہائی کے صحراؤں میں برسوں بھٹکا
اجنبی میرے لیے خود ہی مری ذات ہوئی
مدتوں بعد ترے رشتے سے خود کو جانا
تجھ کو پایا تو مری خود سے ملاقات ہوئی

۔۱۹۷۹۔

## ۳۵۔ ایک شعر

میرے من کی جھیل میں خالدؔ
کس نے پہلا پتھر پھینکا

جنوری ۱۹۸۵

## ۳۶۔ قطعہ

چند لمحوں کو چلی آئی تھی
تو مری آنکھ میں آنسو کی طرح
اور پھر چاروں طرف پھیل گئی
میرے آنگن میں تو خوشبو کی طرح

اپریل ۱۹۸۵

## ۳۷۔ پہلا رقص

ذہن میں حشر ایک برپا تھا

دل کی میرے عجیب حالت تھی

شام ہی سے بھلے نہ تھے آثار

کل کی وہ رات کیا قیامت تھی


ساری محفل میں میں ہی تنہا تھا

جس نے اک گھونٹ بھی نہیں تھی پی

اب میں سوچوں تو خواب لگتا ہے

جانتا ہوں کہ وہ حقیقت تھی


رات بھیگی تو یوں لگا جیسے

وقت ہر گام لڑکھڑاتا ہو

سارا ماحول ہو خمار آلود

جام ہر ایک مسکراتا ہو

ایسے میں اس نے آ کے میرا ہاتھ

تھام کر رقص کی جو دعوت دی

اس کے انداز میں وہ جادو تھا

مجھ میں انکار کی نہ ہمت تھی

زندگی کا وہ میرا پہلا رقص

زندگی بھر نہ مجھ کو بھولے گا

طے کیا میں نے چند لمحوں میں

کتنی صدیوں کا فاصلہ جو تھا

رقص ہم دونوں کر رہے تھے وہاں

میری بانہوں میں اسکی بانہیں تھیں

اجنبی تھے اگرچہ ہم دونوں

کتنی مانوس اپنی سانسیں تھیں

ڈاکٹر خالد سہیل

رقص کرتے ہوئے وہ چپکے سے
میری آغوش میں چلی آئی
میری گردن میں ڈال کر بانہیں
شاخ نازک کی طرح لہرائی

ہونٹ خاموش تھے مگر پھر بھی
سن ہی لی جسم کی فغاں میں نے
جانے کیوں مجھ پہ لرزہ طاری تھا
جب سنی جسم کی زباں میں نے

اس کو کیا تھی خبر مرے دل میں
مشرقیت کے سینکڑوں بت تھے
اور اس بتکدے میں آئے تھے
چند لمحوں میں زلزلے کتنے

میرے شانے پہ اپنا سر رکھ کر

اس نے احساس یہ دلایا تھا

چاہتا میں تو بڑھ بھی سکتا تھا

چند لمحوں کا عارضی رشتہ

کلمہ وہ بزدلی کا پڑھتی تھیں

اکھڑی اکھڑی ہوئی مری سانسیں

نہ خدا تھا وہاں نہ مشرق تھا

دیکھتی رہ گئی مری آنکھیں

-۱۹۷۸-

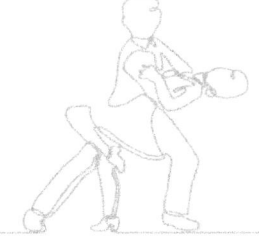

ڈاکٹر خالد سہیل

## ۳۸۔ بزدلی

اسے پا کر بھی اس کو چھو نہ پایا

یہی سوچا مقدس مورتی تھی

نہ جانے کس نے سرگوشی یہ کی تھی

عقیدت تھی کہ تیری بزدلی تھی

## ۳۹۔ برف کے پتلے

یہ میرے خواب کے پیکر یہ برف کے پتلے

تمہارے جسم کی حدت سے اب پگھلتے ہیں

سلائے رکھا تھا برسوں سے لوریاں دے کر

شریر بچوں کی مانند اب مچلتے ہیں

نومبر ۱۹۸۴

## ۴۰۔ سوچتا ہوں۔۔۔

سوچتا ہوں کہ یہ کہہ دوں تجھ سے

آج کی رات مرے پاس ٹھہر

آج کی رات نہ جا

سوچ ذرا

کتنے دن ہو گئے ملتے ہوئے ہم دونوں کو

پھر بھی یہ شرم و حیا پاؤں کی زنجیر تری

یہ تری شرم

یہ مسکان بھلی ہے لیکن

ان سے آگے بھی تجھے ایک قدم جانا ہے

منزلیں تجھ کو پکارے چلی جائیں کب تک

سوچتا ہوں کہ یہ کہہ دوں تجھ سے

-۱۹۷۹-

۴۱۔ قطعہ

جام چھلکے ہیں مرے ذہن کے میخانوں میں

خواہشیں سلگیں مرے قلب کے تہہ خانوں میں

تیرے ہر رنگ نے یوں گھیر لیا ہے مجھ کو

اک دھنک پھیل رہی ہے میرے افسانوں میں

اپریل ۱۹۸۵

۴۲۔ قطعہ

سرسری بات کرنے آئی تھی

اک قیامت عجیب ڈھا کے گئی

شام کی چائے پینے آئی تھی

صبح کا ناشتہ وہ کھا کے گئی

۔۱۹۸۵۔

## ۴۳۔ قطعہ

حقیقتوں کے یہ رخ پر نقاب کیسا ہے

محبتوں کا یہ پیہم سراب کیسا ہے

ترے فراق کے دکھ درد سے تو واقف تھے

ترے وصال کا یہ اضطراب کیسا ہے

مئی، ۱۹۸۵

## ۴۴۔ قطعہ

محبتوں میں سدا روح کو فضیلت دی

ہمارے جسموں نے اللہ سے شکایت کی

ہمارے قلب و نظر نے بڑے خلوص کے ساتھ

دعائیں مانگی ہیں دن رات اب ہدایت کی

جنوری ۱۹۸۵

۴۵۔ قطعہ

شعورِ ذات کی قیمت طویل راتیں ہیں
مرے سفر کی عطا آگہی کی صبحیں ہیں
مری حیات کے صحرا میں بادلوں کی طرح
کسی کے سرمئی آنچل کی چند شامیں ہیں

اپریل ۱۹۸۵

## ۴۶۔ غزل

وہ ایک رات کہ جی بھر کے تجھ کو پیار کیا
تمام جسم کو بوسوں سے ہمکنار کیا

تری جوانی بھی اس رات کیا قیامت تھی
مری جوانی نے کچھ بھی نہ انتظار کیا

شرافتوں کے زمانے بھی لد گئے آخر
وہ چند گھڑیاں کہ برسوں تھا انتظار کیا

ترا سراپا ترا قد ترے لب و رخسار
میں اتنا خوش تھا خوشی نے ہی اشکبار کیا

وہ تیرے حسن کی رعنائیوں کا اک آشوب
خدا نے تجھ کو بنایا تھا میں نے پیار کیا

محبتوں کے سمندر میں غوطے کھاتا رہا
حقیقتوں کو فسانوں سے ہمکنار کیا

تمام عمر تھا قاتل مرا مگر اس شب
ضمیر کو درِ عشرت پہ سنگسار کیا

نہ آدمی نہ خدا کا تھا مجھ کو ڈر اس شب
ثواب تھا کہ گناہ میں نے بار بار کیا

ڈاکٹر خالد سہیل

## ۴۷۔ غزل

ہوس کے پردے میں ہم نے بہت محبت کی
تمام رات ترے جسم کی عبادت کی
نئے مقام پہ محبوب بھی نئے پائے
ہمیں جزائیں یہ ملتی رہی ہیں ہجرت کی
ہر ایک رشتہ نئے زاویوں کا حاصل ہے
نئی کہانی رقم ہو رہی ہے چاہت کی
ترے فراق کا ہر روز روزِ محشر ہے
ترے وصال کی ہر رات تھی قیامت کی
قدم قدم پہ گناہ و ثواب میں الجھیں
حدیث یہ ہے ہمارے دلوں کی عادت کی
سہیلؔ جان بھی اب اس کی نذر کر دیں گے
ہمارے جسم سے جس نے بھی اب محبت کی

جنوری ۱۹۸۵

۴۸۔ قطعہ

میری کشتی کو یقیں ہے اس کا
میرے دریا کے کئی ساحل ہیں
مجھ کو اکثر یہ گماں ہوتا ہے
میرے پہلو میں بہت سے دل ہیں

جنوری ۱۹۸۵

## ۴۹۔ تکمیل

مجھ سے مت پوچھ کہ حیراں کیوں ہوں
میری آنکھوں میں تحیر کا غبار
میری الجھن کا پتہ دیتا ہے
تو مرے پاس تھی برسوں سے مگر
میں تری راہ سے کتراتا تھا
پہلی بار آج ہوا ہے یہ نجانے کیسے
یوں تجھے پاس بٹھایا میں نے
تیرے رخسار ترے ہاتھ چھوئے
تیری آنکھوں میں بھی جھانکا میں نے
تیرے ہاتھوں کی لکیریں دیکھیں
تیری زلفوں کو سنوارا میں نے
تیرے ہونٹوں کو بھی ہونٹوں سے چھوا
تیرے پیکر کو بھی چوما میں نے
تو نہ آتی میری دنیا میں تو میں

نامکمل ہی ہمیشہ رہتا

تجھ کو سینے سے لگا کر میں نے

اپنے ارمانوں کو۔۔۔۔۔ جن کو میں نے

لوریاں دے کے سلا رکھا تھا

آخر اس خواب سے بیدار کیا

تیرا ممنون ہوں تو نے مجھ کو

حسن تکمیل کی دولت دی ہے

پوچھتی ہیں تیری آنکھیں مجھ سے

میری آنکھوں میں تحیر کیوں ہے

اب میں کس طرح بتاؤں تجھ کو

جانے کیوں میں نے تجھے برسوں سے

ایک ممنوعہ شجر سمجھا تھا

اپنی نادانی پہ اب حیراں ہوں

۔۱۹۷۹۔

۵۰۔ کیا خیال ہے؟

وصل کی لذتوں کا مزا چھوڑ کر

آؤ کچھ دیر کو آج باتیں کریں

مئی ۱۹۸۵

## ۵۱۔ عورت سے رشتہ

میرے اس دنیا سے رشتے لاکھوں

ایک رشتہ میرا پھولوں سے بھی ہے

ایک خوابوں سے بھی ہے

ایک بچوں سے بھی بوڑھوں سے بھی ہے

ایک آہوں سے بھی نغموں سے بھی ہے

اور یہ سارے تعلق تیری نسبت سے ہی ہیں

یہ مرے شعر یہ نغمے تیری قربت سے ہی ہیں

تونے دنیا سے کرایا تھا تعارف میرا

اور پھر زیست کو تجھ سے ہی سمجھنا سیکھا

تو مرے ذہن میں مہکی کبھی پھولوں کی طرح

تو مری آنکھوں میں زندہ رہی خوابوں کی طرح

تو بسی زیست کی دوپہروں میں شاموں کی طرح

تیری قربت میری جنت تیری فرقت میرا پیغام اجل

تو مری ذات کی دلدل میں ابھرتی رہی بن بن کے کنول

تو نہ ہوتی تو مرا حال شکستہ ہوتا

کنجِ تنہائی کی دوزخ میں سلگتا رہا

کبھی اپنوں کبھی بیگانوں سے لڑتا رہتا

تو نے مایوسی میں امید دلائی مجھ کو

شبِ تاریک میں لوری بھی سنائی مجھ کو

تیری آغوش سے ہمت کبھی جرآت پائی

تیرے پہلو سے محبت ہی محبت پائی

میرا آغاز ہے انجام ہے تو

میری محنت میرا انعام ہے تو

ایک رشتہ ہو تو میں اس سے تجھے یاد کروں

تجھ سے ہر گام پہ ہر موڑ پہ رشتے لاکھوں

تو میرا عکس بھی عکاس بھی آئینہ بھی

تو مری دوست بھی ہمراز بھی محبوبہ بھی

جنوری ۱۹۸۵

خواب در خواب

۵۲۔ خون کے آنسو

ڈاکٹر خالد سہیل

عورتیں وقت سے ہر آن لڑیں
عورتیں خون کی ہولی کھیلیں
ہر مہینے جو وہ حالات کی زد میں آئیں
اپنے جسموں میں پگھلتا ہوا لاوا
پائیں
عورتیں زیست سے ہر ماہ جو نامہ
لائیں
اپنی تقدیر کو یوں اس میں نوشتہ
پائیں
عورتیں اپنی حقیقت جانیں
عورتیں بچے جنیں مائیں بنیں
اپنی آغوش بھریں
اور اگر اس سے وہ انکار کریں
ایک دوراہے سے آواز سنیں
یا تو وہ بانجھ رہیں
یا ہر اک ماہ وہ سب خون کے آنسو
روئیں

اپنے رستے ہوئے زخموں کی فضا
میں سوئیں
عورتیں درد کی تصویریں ہیں
عورتیں کرب کی تفسیریں ہیں
عورتیں خون میں ڈوبی ہوئی
تحریریں ہیں

اگست ۱۹۸۴

## ۵۳۔ سرخ دائرہ

ڈاکٹر خالد سہیل

آج سترہ ہوئی
اور میں سوچ میں پڑ گئی
سینکڑوں وسوسے سانپ بن کر مرے
ذہن کو آج ڈستے رہے
میں پریشان و حیران تھی
کیا میں مانوں اسے
یا نہ مانوں اسے
صبح سے کچھ عجب سی تذبذب کی تھی کیفیت
اور میں بہکی بہکی سی سوچوں میں گم
اپنے گھر سارا دن
سخت جھنجھلائی پھرتی رہی
اور پھر
تیسرے پہر
کمرے میں داخل ہوئی
کانپتے ہاتھ سے

سالِ نو کے کیلنڈر کا جب اک ورق
میں نے الٹا تو دیکھا
گذشتہ مہینے کی تیرہ ہی تاریخ کو
سرخ اک دائرہ تھا احاطہ کیے
لیکن اس مرتبہ
جانے کیا ہو گیا
اک عجب سی خلش
اور اک کپکپی خوف کی
میرے سارے بدن میں سرایت ہوئی
اور پھر میں تو سو چاہی کی
آج سترہ ہوئی

۱۹۷۳

## ۵۴۔ یہ مرا جسم ہے یہ مری زندگی

اک قیامت ہی گویا بپا ہو گئی
گھر کی ہر بات سرگوشیوں میں ڈھلی
ہولے ہولے سبھی نے خبر یہ سنی
نوجوانی میں ، میں حاملہ ہو گئی

دھیرے دھیرے ہر اک شخص مجھ کو بلاتا رہا
میری رنجیدہ حالت پہ وہ رحم کھاتا رہا
کوئی شادی کے فرسودہ نغمے سناتا رہا
کوئی اسقاط کے مجھ کو نسخے بتاتا رہا
کوئی بے باپ بچوں کے قصے سناتا رہا
کوئی مجھ کو گناہوں سے ہر دم ڈراتا رہا

میں یہ سب کچھ خموشی سے سنتی رہی
چاہتی تھی مگر میں نہیں کہہ سکی
ساری خلقِ خدا کیا نہیں جانتی
یہ مرا جسم ہے یہ مری زندگی

۱۹۸۴

ڈاکٹر خالد سہیل

## ۵۵۔ حاملہ

مرے پیٹ میں ایک ننھی سی جاں
ٹھوکریں مارتی ہے
نجانے وہ کیا کہہ رہی ہے

مئی ۱۹۸۵

# ۵۶۔ماں بننے سے پہلے اور بعد

## ماں بننے سے پہلے

یہ کس گناہ کی مشیعتیں ہیں

جو دردِ زہ کی اذیتیں ہیں، ملامتوں کی صعوبتیں ہیں

تو میری دنیا میں چند لمحوں کو آگیا تھا

مرے سراپا کے تشنہ کامی کے پیکروں میں شرابِ امید و شہد لطف و کرم کے قطرے

اُنڈیل کر تو چلا گیا تھا

تلاش کرتی رہی میں تجھ کو

گلی گلی اور قریہ قریہ

جہاں بھی پہنچی نہ پایا کچھ بھی بجز زمانے کی تشنگی کے

ملامتوں جگ ہنسائیوں اور فرقتوں کے

تری جدائی میں ہجرِ یوسف کی قیس و فرہاد و ہیر ارانجھا کی حسرتیں تھیں

صعوبتوں تھیں مصیبتیں تھیں

میں جب بھی قلبِ فسردہ خاطر کے گوشے گوشے میں جھانکتی ہوں

میں بددعاؤں کا نفرتوں کا ابھرتا سیلاب دیکھتی ہوں

تجھے میں دن رات کوستی ہوں

فقط میں اتنا کہوں گی تجھ کو

مری جوانی کی دوزخوں کو کبھی بھی تم لوٹ کر نہ آنا

کبھی نہ آنا کبھی نہ آنا

## ماں بننے کے بعد

مرا یہ بچہ ہے میری آنکھوں کا اک ستارا

مری یہ منزل مرا یہ ساحل مرا یہ پھل ہے

ہمارے رشتوں کی دلدلوں کا یہ اک کنول ہے

اسے میں دیکھوں تو میرے دل کو قرار آئے

اسے میں چوموں تو تیری قربت کی یاد آئے

اسے میں آغوشِ جاں میں لے لوں

تو یوں لگے جیسے تو ہی بانہوں میں آگیا ہو

تو میرا محسن، تو میرا قاتل

ترے ہی دم سے ہوا یہ حاصل

جو تو نہ آتا تو ایک بنجر زمین رہتی

جو غم نہ سہتی تو کس طرح میں مسرتوں کا یہ پھول جنتی

ہمارے بچے کے پھول چہرے کی ہر ادا سے جواں رہے گی کہانی اپنی

اگر کبھی میری یاد آئے تو لوٹ آنا

کہ میری آغوش میں ابھی تک

مہک رہا ہے تمہارا سپنا

جنوری ۱۹۸۵

## ۵۷۔ تسلی

اے مری ماں! مجھے پر دیس بیاہا تو نے
اور میں چپکے سے سسرال میں اپنے آئی
تیری یادوں کو بہت میں نے بھلانا چاہا
تیری تصویر مگر دل میں ہمیشہ پائی

میں نے ماحول کے دھاروں کو بدلنا چاہا
اور ہر موڑ پہ اک زور سے ٹھوکر کھائی
میں نے امید کے دامن کو پکڑنا چاہا
اور مایوسی کی ہر سمت گھٹا ہی پائی

آج شوہر نے مجھے غصے میں کتنا کوسا
ایک بھی حرفِ شکایت نہ میں لب پر لائی
آج تو آکے مجھے حرفِ تسلی دیدے
آج تو یاد تری مجھ کو بہت ہی آئی

اپریل ۱۹۷۳

## LESBIAN_۵۸

عدالت ۔ تو نے کیا قتل کیا ہے اسکو؟

عورت ۔ (اسکے ہونٹوں پہ رہی ثبت خموشی کی مہر
اس کی آنکھوں میں تحیر کے سوا کچھ بھی نہ تھا)

عدالت ۔ کیا نہیں تو نے سنا؟

عورت ۔ (دھیرے سے)   ہاں

میں نے ہی قتل کیا تھا اس کو

عدالت ۔ اس نے کیا جرم کیا تھا کوئی؟

عورت ۔ ہاں ۔۔۔ نہیں ۔۔۔ کچھ بھی نہیں

عدالت ۔ یہ عدالت ہے یہاں

کچھ بھی چھپ سکتا نہیں

جھوٹ چل سکتا نہیں

کھل کے یاں بات کرو

جو ترے دل میں ہے ہونٹوں پہ بھی لا

شرم نہ کر

ڈاکٹر خالد سہیل

عورت۔ دل کی گر بات بتاؤں

تو بس اتنی ہے کہ وہ مجھ کو بھلی لگتی تھی

اس کی قربت سے مرے دل کو سکوں ملتا تھا

اس کی زلفیں تھیں حسیں

اس کے رخسار حسیں

اس کی آنکھوں کی چمک

میرے خوابوں کی مکیں

مجھ سے مانوس تھی وہ

میری محبوب تھی وہ

وہ مرے پاس رہا کرتی تھی

اس پہ میں جان دیا کرتی تھی

میں اسے پیار کیا کرتی تھی

عدالت۔ تو نے کیا سوچ کے پھر اس کا گلا گھونٹا تھا؟

عورت۔ ایک دن اُس نے کہا تھا

"میری شادی کر دو"

خواب در خواب

میں نے انکار کیا

اس نے اصرار کیا

میری جب بات نہ مانی اس نے

طیش اتنا مجھے آیا کہ گلا گھونٹ دیا

میری ہی گود میں جب

آخری سانس لیا تھا اس نے

میں پشیمان نہ تھی

میں پشیمان نہیں ہوں اب بھی

مجھ کو اتنا تھا یقیں

وہ کسی اور کی ہو سکتی نہیں

وہ کسی اور کی اب ہے بھی نہیں

عدالت۔ تیرا یہ جرم ہے سنگین بہت

ایک معصوم کو یوں قتل کیا ہے تو نے

اس کی پاداش میں اب موت ملے گی تجھ کو

عورت۔ (اس کے ہونٹوں پہ رہی ثبت خموشی کی مہر

ڈاکٹر خالد سہیل

اس کی آنکھوں میں تحیر کے سوا کچھ بھی نہ تھا)

عدالت۔اک رعایت تجھے دے سکتے ہیں ہم

ہو کوئی آخری خواہش تو بتا دے ہم کو

عورت۔بس یہی ایک ہے خواہش میری

آخری بار اسے دیکھ لیں آنکھیں میری

اس کی تصویر دکھا دو مجھ کو

میرے ہونٹوں سے لگا دو اس کو

میں اسے پیار کیا کرتی تھی

اب بھی میں پیار اسے کرتی ہوں

۱۹۷۶

(87)

### ۵۹۔ سوکن

تو مری سب سے بڑی الجھن ہے

کیسی عورت ہے کہ عورت کی ہی تو دشمن ہے

جنوری ۱۹۸۵

### ۶۰۔ ایک عورت دوسری عورت سے

تو مرے پاس مجھ سے دور بھی ہے

میری ہمراز بھی ہے سوکن بھی

تیرے میرے عجیب رشتے ہیں

تو مری دوست بھی ہے دشمن بھی

اپریل ۱۹۸۵

## ۶۱۔ سوال

نہ جانے کتنے برسوں سے یہ دل کہتا رہا میرا

مرا شوہر، مرا مالک، مجازی تو خدا میرا

ترے ہر کام پر ہر بات پر میں ناز کرتی تھی

تری قربت میں جیتی تھی تری فرقت میں مرتی تھی

تو میری زندگی کے آسماں کا اک ستارا تھا

مری تنہائیوں کا دردو غم کا اک سہارا تھا

مگر پھر رفتہ رفتہ دل پہ کچھ مایوسیاں چھائیں

مرے انداز میری سوچ میں تبدیلیاں آئیں

مری ہر سوچ ہر اک فکر اب یہ مجھ سے کہتی ہے

تری عزت تری عظمت مری سب خود فریبی ہے

حقیقت وہ نہیں جس کو حقیقت میں سمجھتی تھی

سرابوں کو سمندر ہی نجانے کب سے کہتی تھی

مری بے عزتی کر کے تو کتنا فخر کرتا ہے

مجھے بے عقل، ناقص اور کیا کیا تو سمجھتا ہے

ترے افکار سے فرعونیت کی بو بھی آتی ہے

مری شرم و حیا اب خون کے آنسو بہاتی ہے

جو میرے صبر کا پیمانہ اب لبریز ہے دیکھو

جو میرے دل کی باتیں ہیں تحمل سے ذرا سن لو

جو تیرے قلب کی گہرائیوں میں ہے سنا مجھ کو

اگر تو مرد ہے تو آج سچ سچ یہ بتا مجھ کو

تری بیوی ہوں محبوبہ ہوں یا میں نوکرانی ہوں

ترے بچوں کی آیا ہوں کہ تیرے دل کی رانی ہوں

ترے کل کا سہارا ہوں یا ماضی کی سزا ہوں میں

شریکِ زندگی ہوں یا کہ تیری داشتہ ہوں میں

مئی ۱۹۸۴

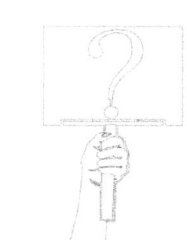

## ۶۴۔ جوانی

وقت بدلا تو یہ آنکھیں بھی بدل جائیں گی

جب تلک میں ہوں جواں میرے خریدار بہت

اور جس روز جوانی میری ڈھل جائے گی

چاہنے والے بھی ہو جائیں گے بیزار بہت

۱۹۷۷

## ۶۵۔ بیوہ کی چتا

کیسے انداز ہیں خداؤں کے
دربدر قافلے دعاؤں کے
میرے زخموں پہ نام لکھے ہیں
ناخداؤں کے آشناؤں کے
میرے جذبات میرے احساسات
زرد پتے سب خزاؤں کے
رنگ بے کیف ہوتے جاتے ہیں
میری ناموس کی رداؤں کے
زندگی میں گھٹن سی پھیلی ہے
راستے بند ہیں ہواؤں کے
اب کوئی اور آسرا ڈھونڈوں
تھک گئے آسرے دعاؤں کے

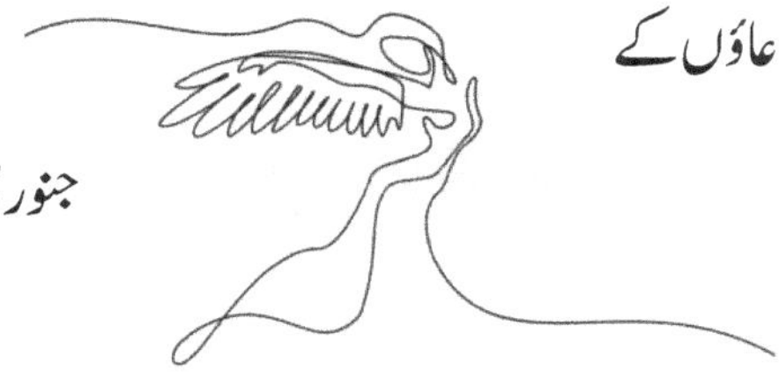

جنوری ۱۹۸۵

ڈاکٹر خالد سہیل

# روح کے زخم ...اپنے ذہنی مریضوں کی کہانی

## ۶۶۔ قطعہ

میری محفل ہے میری تنہائی
دل میں آباد ایک محشر ہے
اپنے افکار خود میں سنتا ہوں
خود کلامی مرا مقدر ہے

## ۶۷۔ قطعہ

میرا ہر دوست مجھ سے بد ظن ہے
مجھ سے ہر آشنا ہے شرماتا
میری دیوانگی مسلم ہے
اب میں انسانوں سے ہوں گھبراتا

## ۶۸۔ قطعہ

سارے رشتے حباب ہوں جیسے
سارے انساں سراب ہوں جیسے
اب حقائق بھی ایسے لگتے ہیں
ایک پاگل کے خواب ہوں جیسے

## ۶۹۔ روح کے زخم

مرے خوابوں میں پت جھڑ کا یہ منظر

مرے باطن کا تازہ سانحہ ہے

ہے کتنی بزدلی جذبوں میں میرے

مرا ہر زخم حد سے بڑھ چکا ہے

مرے لہجے میں کتنی تلخیاں ہیں

مرا ناسور پھٹتا جا رہا ہے

نہیں مجھ میں رہی خود اعتمادی

خدا پر سے یقیں بھی اٹھ چکا ہے

مری انسانیت سے ناامیدی

مرا سب سے بھیانک المیہ ہے

## ۷۰۔ موت میں اب سکوں نظر آئے

اپنے کمرے میں کب سے لیٹا ہوں
لے کے پہلو میں اپنے تنہائی
میرے چاروں طرف ہے خاموشی
کر رہی ہے جو میری رسوائی

میرے کمرے کی ہے فضا ایسی
دم گھٹے اور جی بھی گھبرائے
زندگی بھی عجب قیامت ہے
اس کا ہر ایک لمحہ تڑپائے

میرا ہر خواب اب پریشاں ہے
آرزوئیں بھی خوں اگلتی ہیں
میری امیدوں کا یہ حال ہوا
دل کی دل میں ہی وہ سلگتی ہیں

ڈاکٹر خالد سہیل

خود ہی آنکھوں میں آنسو آتے ہیں
خود ہی میں قہقہے لگاتا ہوں
اپنی دیواروں پر میں اپنا ہی
نام لکھ لکھ کے اب مٹاتا ہوں

میری آنکھوں کے گرد حلقے ہیں
جسم میں میرے اک نقاہت ہے
کھانے پینے سے احتراز مرا
ایسے لگتا ہے اب یہ عادت ہے

گھر میں آتا نہیں کوئی میرے
میں بھی باہر کبھی نہیں جاتا
مجھ کو دن رات میں مہینوں سے
فرق بالکل نظر نہیں آتا

جن کو خوں دے کے برسوں پالا تھا
میری قربت پہ ناز کرتے تھے
مجھ سے اب راستہ ہیں کتراتے
اک زمانے میں دوست ہوتے تھے


ایک وہ دور تھا جو سچ پوچھو
زندہ رہنے سے من تھا گھبرائے
رفتہ رفتہ یہاں تک آ پہنچا
موت میں اب سکوں نظر آئے


پہلے میں سوچتا تھا اکثر یہ
مجھ کو شاید خدا نے ٹھکرایا
لیکن اب تو یقین ہے مجھ کو
مجھ کو انسانوں ہی نے دھتکارا

۱۹۸۳

# ۷۱۔ غزل

خود کشی میں نہ کامیاب ہوئے

اپنے دن رات اب عذاب ہوئے

ناامیدی گزر گئی حد سے

خواب اپنے بھی اب تو خواب ہوئے

بے حسی کی عجیب حالت ہے

رنگ و نغمہ بھی اک عذاب ہوئے

اپنی نظروں میں گر گئے اتنے

جوش و جذبہ پگھل کے آب ہوئے

خود فریبی وہاں سے ہو آئی

سارے دریا جہاں سراب ہوئے

وہی رشتے جو دل کی راحت تھے

اب وہی روح کے عذاب ہوئے

مل کے سوچیں گے کب، کہ کیونکر ہم

زندگی میں نہ کامیاب ہوئے

مارچ ۸۴

## ۷۲۔ایک موڑ

زندگی اتنی ہے بے کیف کہ اب
زندہ رہنے کا بھی احساس نہیں
نہ کوئی پیار کا نغمہ نہ کوئی آس کا گیت
نہ ہی بچھڑے ہوئے یاروں کی ہے امید کوئی
چاروں اطراف مرے اتنی خموشی ہے کہ میں
اپنی آہٹ سے بھی ڈر جاتا ہوں
نہ کوئی دوست نہ ساتھی نہ ہے غمخوار کوئی
ہر قدم پر مجھے روکے ہے یہ تنہائی مری
میں کہاں ہوں میری منزل ہے کہاں؟
ہے کوئی یاں جو بتائے مجھ کو
کیا کبھی کوئی بتائے گا مجھے؟
میں تو پچھتاتا ہوں اس لمحے کو اب
جب مرے ذہن میں رہتا تھا فقط ایک سوال
کاش پا جاؤں "حقیقت" کا سراغ
اور میں اپنی جدا راہوں پہ چل آیا تھا

اپنی امیدوں کی لاٹھی کا سہارا لے کر

اور اب برسوں کی بے سود ریاضت مجھ کو

اک عجب موڑ پہ لے آئی ہے

جس جگہ آ کے اچانک مجھے احساس ہوا

میں یہاں اپنے قبیلے سے بہت دور نکل آیا ہوں

اور ان راہوں کی منزل بھی نظر آتی نہیں

کیا یہ ممکن ہے کہ منزل ہوا بھی دور بہت

یا کہ میں۔۔۔۔ راستہ بھول گیا ہوں شاید

-۱۹۷۷-

(101)

ڈاکٹر خالد سہیل

کہاں سے آئے گا آزاد نوجواں کوئی

## ۷۳۔ قطعہ

یہ کیسا حبس ہے ہم سانس لیتے ڈرتے ہیں
ہم اپنی ذات میں گھٹ گھٹ کے روز مرتے ہیں
ہمارے پاس رہو گے تو ہو گا اندازہ
ہر ایک شام کو ہم صبح کیسے کرتے ہیں

# ۴۷۔ پاکستان

حدیث کربِ نہاں اب کرے بیاں کوئی
سنائے جبرِ مسلسل کی داستاں کوئی

میں کس سے شہر تمنا کا راستہ پوچھوں
کہ اس ہجوم میں پاؤں نہ ہم زباں کوئی

کسے ہے شک کہ وہ گھٹ گھٹ کے مر نہ جائیں گے
جو اپنے گھر میں بھی پائیں نہ رازداں کوئی

تمام شہر کو آزادیوں کی خبریں دے
قفس قفس پہ رقم کر کے آشیاں کوئی

جو بام و در پہ منقش ہوا ہے ذہنوں کے
وہ شہرِ درد کا شاید ہے بے نشاں کوئی

ہمارے بچوں کی سوچوں پہ کب سے پہرے
ہیں
کہاں سے آئے گا آزاد نوجواں کوئی

شبِ حیات بڑی مختصر رہی خالد
نہ ماہتاب ہی دیکھے نہ کہکشاں کوئی

جنوری ۱۹۸۵

## ۷۵۔ شہرِ محبوس

باطن کے جتنے خوف تھے چہروں تک آگئے
اس شہرِ درد و کرب کے ساکن بجھے بجھے
خاموشیوں کے شہر میں آوازیں سنگسار
نالے دلوں کے آنکھ میں پتھرا کے رہ گئے
کس کس پہ اعتبار ہو کس کس سے احتیاط
در پردہ رازداں بھی رقیبوں سے جا ملے
الفاظ اپنے معنی کی عصمت لٹا چکے
مفہوم قاریوں کی یہاں بھینٹ چڑھ گئے
آہیں بھی اپنی کوکھ میں دب دب کے رہ گئیں
نغمے بھی دل کے دل میں ہی بے بال و پر ہوئے
کب سے سلگ رہی ہیں وہ چنگاریاں کہ جو
بیٹھی ہیں انتظار میں تازہ ہواؤں کے

جنوری ۱۹۸۵

ڈاکٹر خالد سہیل

## ۷۶۔ غزل

غبارِ دل سے اٹی ہیں سبھی ہوائیں اب
دھواں دھواں ہیں مرے شہر کی فضائیں اب

زمیں نے موسمِ گل میں یہ دن بھی دیکھ لیے
اٹھے ہیں ہاتھ مگر بانجھ ہیں دعائیں اب

یہ کن گناہوں کی ہم کو سزائیں ملتی رہیں
لہولہان بہت بے گنہ ردائیں اب

گھروں کی قید نے سب بند توڑ ڈالے ہیں
ہیں بیگمات تصور میں فاحشائیں اب

ہر ایک موڑ پہ یہ کارواں کو فکر ہوئی
ہم اپنی ذات کو کس طرح آزمائیں اب

اپریل ۸۵

## ۷۷۔ بوڑھا فوجی

زمانہ اس کو بیتا ہے

میں فوجی تھا

میں اپنے دیس کا ادنی سا خادم تھا

میں اپنے ملک و مذہب کا بہت مخلص سپاہی تھا

بہت سی جنگوں میں میں جان کی بازی لگا کر لوٹ آیا تھا

بہت سے معرکوں میں موت کو بھی چھو کے آیا تھا

مجھے ہر جنگ میں ہر معرکے میں فخر تھا اس کا

حقیقت کا میں پیرو تھا

صداقت کا مبلغ تھا

محبت میرا مذہب تھا

مجاہد بن کے زندہ تھا

شہادت میرا مقصد تھا

مگر پھر رفتہ رفتہ مجھ کو اپنے ساتھیوں کے حکمرانوں کے

چھپے منصوبوں اور ہر رازِ درپردہ سے آگاہی ہوئی حاصل

ہوا معلوم یہ مجھ کو

صداقت تھی کہاں کشور کشائی کا جنوں تھا اک

حقیقت جو بظاہر تھی سراپا اک تعصب تھا

محبت نام تھا۔۔۔ فرعونیت تھی اس کی پردے میں

مری اس آگہی کے بعد مجھ پر اک قیامت ہی تو گزری تھی

مرے دل میں مرا احساس کانٹا بن کے چبھتا تھا

مرے دل میں سوالوں کا عجب طوفان اٹھتا تھا

میں خود سے پوچھتا یہ تھا کہ میری اصلیت کیا ہے؟

سپاہی ہوں کہ ظالم ہوں؟

مجاہد ہوں کہ قاتل ہوں؟

اسی احساس کا اس سوچ کا اب یہ نتیجہ ہے

کہ اپنی فوج کو چھوڑے ہوئے عرصہ ہوا لیکن

مرا ماضی مرے کاندھوں پہ بھاری بوجھ ہے اب تک

اپریل ۸۴

خواب در خواب

# ۷۸۔ غزل

سحابِ آہ و فغاں چھا رہا ہے برسوں سے
دلوں میں خون ابلتا رہا ہے برسوں سے

وہ ایک جذبہ پیمبر ہے کتنے شعلوں کا
جو سب کے دل میں سلگتا رہا ہے برسوں سے

ہر ایک رگ میں وہ زہراب بن کے پھیلا ہے
وہ ایک زخم جو رستا رہا ہے برسوں سے

شراب خانے بھی ہیں خشک حوضِ کوثر بھی
ہر ایک شخص ہی تشنہ رہا ہے برسوں سے

خرد کی دست درازی کا ہے یہ پس منظر
جنوں پہ سکتہ سا چھایا رہا ہے برسوں سے

امیرِ شہر کو یہ کون لوریاں دے کر
غریبِ شہر کو اکسا رہا ہے برسوں سے

سہیل دیکھیں گے ہم کیسے گل کھلائے گا
جو ظلم خون اگلتا رہا ہے برسوں سے

جولائی ۱۹۸۴

## ۷۹۔ مشورہ

ہر طرف پہرے لگا رکھے ہیں خاموشی نے
دوستو کوئی تو مانوس صدا آنے دو
کتنی تاریک فضاؤں نے ہمیں گھیرا ہے
کسی جانب سے تو سورج کی ضیا آنے دو
دم گھٹا جاتا ہے برسوں سے گھٹن ہے اتنی
کھڑکیاں کھول دو اب تازہ ہوا آنے دو

جون ۱۹۸۴

## ۸۰۔ ہجرت کا مشورہ

سب رہروانِ شوق کو دل سے لگا لیا
پہلے تھے چند لوگ مگر اب ہے قافلہ
چہروں پہ ملتے ملتے شناسائیوں کی دھول
کتنے مسافروں کو بنایا ہے آشنا
سب نے جدائیوں کی سنائیں کہانیاں
ہم نے رفاقتوں کا فسانہ رقم کیا
اپنے تعصبات کے کچھ بوجھ گر گئے
تازہ تعلقات کا رختِ سفر ملا
دیکھے سفر میں وقت کے تیور نئے نئے
عمروں کے گھٹنے بڑھنے کا دیکھا ہے معجزہ
گھر میں رہے تو زیست میں اک بے کلی سی تھی
گھر سے چلے تو اپنا مقدر سنور گیا
ہم نے کچھ اتنی پائیں تمنا کی منزلیں
دیتے رہیں گے بچوں کو ہجرت کا مشورہ

جنوری ۸۵

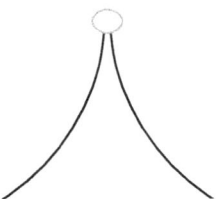

## ۸۱۔ آزمائش

مسافتوں 'صعوبتوں 'ریاضتوں سے ڈر گئے
مہاجروں کے قافلے پلٹ پلٹ کے گھر گئے
قدم قدم پہ حیرتیں اذیتیں مسرتیں
جو رہ گئے بکھر گئے جو سہ گئے سنور گئے

-۱۹۸۴-

## ۸۲۔ دو آوازیں

### پہلی آواز

مہاجروں کے گھروں میں ہر دم

بہت سے ماں باپ مدتوں سے

خلوصِ دل سے یہ سوچتے ہیں

ہماری تہذیب مٹ رہی ہے

زباں ہماری بدل رہی ہے

ہماری اقدار مٹ رہی ہیں

ہمارے ماضی کا بوجھ ہم کو

بہت پریشان کر رہا ہے

تو ایسے حالات میں یہاں پر

ہمارے بچوں کا کیا بنے گا

### دوسری آواز

تمام ماں باپ یاد رکھیں

کہ اپنے بچوں کی بہتری گروہ چاہتے ہیں

ڈاکٹر خالد سہیل

انہیں وہ لختِ جگر سمجھتے ، پکارتے ہیں

تو ان کے ذہنوں کی وسعتوں کا خیال رکھیں

اور ان کی جاں کی نزاکتوں کا خیال رکھیں

کبھی نہ بچوں پہ اپنے ماضی کے مسئلوں کا وہ بوجھ ڈالیں

جوان کی جانیں اٹھا نہ پائیں

نئے چمن کی نئی ہوا ہے

نئے سفر کے نئے مسائل

نئی زباں کے نئے تقاضے

رکاوٹیں راستوں میں حائل

اسی میں سب کا بھلا ہو شاید

ہم اپنے بچوں کو زندگی کے نئے تقاضوں سے کھیلنے دیں

اور ان کے پر شوق حوصلوں کو

دعائیں دے کر خلوصِ دل سے سکونِ دل سے قبول کر لیں

اور اپنے بچوں پہ مل کے سب اعتماد کر لیں

ستمبر ۸۴

## ۸۳۔ بے نام مسافت

گھر کا رستہ بھول گئے ہیں

اک جنگل میں آنکلے ہیں

دوراہوں پہ سوچ رہے ہیں

دونوں رستے اب کے نئے ہیں

دن کو بے مقصد چلتے ہیں

شب کو ڈر ڈر کے سوتے ہیں

مستقبل کی کس کو خبر ہے

ماضی راہ میں چھوڑ آئے ہیں

سارے رہبر سارے ساتھی

طوفانوں کی نذر ہوئے ہیں

واپس لوٹ کے جانا مشکل

گھر کا رستہ بھول گئے ہیں

مئی ۸۵

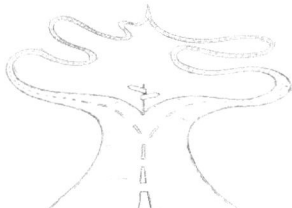

ڈاکٹر خالد سہیل

## ۸۴۔ جسے بھی سمجھیں ہم اپنا وہی ہے گھر اپنا

پڑاؤ جس جگہ ڈالا وہی ہے گھر اپنا
جہاں بھی قافلہ ٹھہرا وہی ہے گھر اپنا

تمام عمر ہی خانہ بدوش کہلائے
جہاں پہ شب کو گزارا وہی ہے گھر اپنا

ہم اپنے گھر میں بھی بے گھر رہے ہیں بچپن سے
ہمیں سکوں ملے جس جا وہی ہے گھر اپنا

زمیں پہ چند لکیروں سے ماورا ہی رہا
جو اپنے دل میں بسایا وہی ہے گھر اپنا

حقیقتوں سے جو مایوس ہو کے برسوں سے
ہمارے خوابوں میں آیا وہی ہے گھر اپنا

زمین ساری ہے اپنی فضائیں اپنی ہیں
جسے بھی سمجھیں ہم اپنا وہی ہے گھر اپنا

سہیل دور وہ دیکھو گلے ملاتے ہیں
جہاں پہ منزل و جادہ وہی ہے گھر اپنا

۸۴

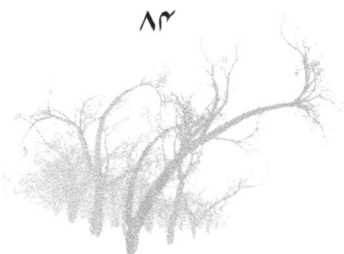

خواب در خواب

## ۸۵۔ والدین کی شادی کی تیسویں سالگرہ پر

لوگ کہتے رہے

ہم بھی سنتے رہے

زندگانی کا رنگِ حنا عارضی

رشتوں ناطوں کی مہکی فضا عارضی

الفتوں کا چراغِ وفا عارضی

اور ہم سوچتے ہی رہے

تیس برسوں کی یہ دوستی کیسے ممکن ہوئی

کیسے ماں باپ کی یہ رفاقت سلامت رہی

پہلے حیران تھے

اب بھی حیران ہیں

اپنے پیاروں سے کتنے ہم انجان ہیں

آرزو ہی رہی

کاش رشتوں کا سرِ نہاں جان لیں

کاش ماں باپ کو اپنے پہچان لیں

ڈاکٹر خالد سہیل

## ۸۶۔ انسان

نہ چمن میں ہے سکوں اور نہ ویرانوں میں

دربدر پھرتا ہے انسان بہاروں کے لیے

نہ خدا پر ہے بھروسہ نہ بتوں کا ہے یقیں

آج انسان ترستا ہے سہاروں کے لیے

اپریل ۷۷

## ۸۷۔ قطعہ

اپنی ہی ذات سے چھپتا ہوں میں

اپنی تنہائی سے گھبراتا ہوں

اس نئے دور کا انساں ہوں میں

آئینہ دیکھوں تو ڈر جاتا ہوں

## ۸۸۔ آگہی

اجنبی راہوں پہ میں چلتا رہا

دھیرے دھیرے رات دن جلتا رہا

زندگی نے مجھ کو یہ تحفہ دیا

آگہی کے کرب میں ڈھلتا رہا

## ۸۹۔ دائمی سفر

درختوں کی شاخیں جواں ہو رہی ہیں

مگر زرد پتے

بڑھاپے میں دھرتی کی آغوش میں گر رہے ہیں

اکتوبر ۸۴

## ۹۰۔ زندگی

زندگی۔۔۔ایسی ردا ہے جس سے

پاؤں ڈھکتے ہیں تو سر

سر چھپاتے ہیں تو پھر پاؤں نظر آتے ہیں

جنوری ۸۵

## ۹۱۔ تامل

سبھی چل رہے ہیں

قدم بڑھ رہے ہیں

مگر ایک بچہ پریشاں کھڑا ہے

سڑک پار کرنے سے گھبرا رہا ہے

اکتوبر ۸۴

**۹۲۔ قطعہ**

عقیدتوں کے لبادوں کی دھجیاں بکھریں
دلوں کے ظرف جو ٹوٹے تو کرچیاں بکھریں
حرم کا بابِ ہدایت لہولہان ہوا
ورق ورق پہ ندامت کی سرخیاں بکھریں

جنوری ۸۵ء

**۹۳۔ انسان اور زندگی**

اپنے ماحول پہ الزام لگانے والی
کتنی بے نور نگاہوں نے شکایت کی ہے
راہ تاریک ہے منزل کا نشاں کوئی نہیں

فروری ۸۵

## ۹۴۔ کچھ لوگ

تنہائیوں میں گھر کے وہ حیران ہو گئے
محفل سے ہٹ گئے تو پریشان ہو گئے
مانندِ سایہ دار شجر معتبر جو تھے
دھرتی سے کٹ گئے تو وہ بے جان ہو گئے

۸۴

## ۹۵۔ الفاظ اور ہم

ہم نے چاہا تھا کبھی لفظوں کو
ان کے اصنام کی پوجا کی تھی
ان کی آوازوں سے خوش ہوتے تھے
ان کے مفہوم کو عظمت دی تھی

ایک اک حرف کو سو سو معنی
دے کے رسوا سرِ بازار کیا
دے کے ہر نقطے کو سو تفسیریں
ہم نے ہر صفحے کو بے کار کیا

ہم نے الفاظ کی عظمت چھینی
ہم نے الفاظ کی عزت لوٹی
ہم نے آوازوں کی مدہوشی میں
ان کے مفہوم کی عصمت لوٹی

ڈاکٹر خالد سہیل

ہم نے خود قتل کیا تھا ان کو
اور پھر آنسو بہائے خود ہی
اپنے مقتولوں کے پھر مردہ بدن
اپنے سینوں سے لگائے خود ہی

کیوں نہ ہم دل کی ہر اک بات کا اب
نئے پیرائے میں اظہار کریں
کیوں نہ جذبات وخیالات کا ہم
نئی پوشاک میں دیدار کریں

کچھ نئے لفظ تراشیں ہم بھی
نئی آوازوں میں کچھ روح بھریں
حرف و معنی کے نئے تاج محل
نئی بنیادوں پہ تعمیر کریں

آؤ اک بار انہی لفظوں کو
ان کی کھوئی ہوئی عزت دیدیں
ان کی آوازیں مقدس کردیں
ان کے مفہوم کو حرمت بخشیں

# ۹۶۔ محبت

محبت ایک بچے کا کھلونا

محبت ایک بوڑھے کا عصا ہے

۷۹

## ۹۷۔ خواب

خواب ہے یہ زندگی

اور زندگی کی رہگزر بھی خواب ہے

زندگی کے راہزن بھی راہبر بھی خواب ہیں

زندگی کے راستے بھی ہمسفر بھی خواب ہیں

زیست کے رختِ سفر میں

خواہشوں کے، آرزؤں، خوشبوؤں، پھولوں، پھلوں

موسیقیوں کے کچھ سہانے خواب ہیں

زیست کے رختِ سفر میں

رتجگوں کے تلخیوں، محکومیوں، ناکامیوں

محرومیوں کے کچھ پرانے خواب ہیں

اور ان خوابوں کے ہی فیضان سے

کتنے خوش قسمت ہیں ہم

اپنے دامن میں بہت سے خواب لے کر

جاگتے سوتے ہیں ہم

اپریل ۸۵

## ۹۸۔ رختِ سفر

میری بے چینیاں، میری بے تابیاں، بے قراری بڑھاتی رہیں رات بھر
شام سے صبح تک میں گمان و حقیقت کی گلیوں میں بھٹکا کیا دربدر

میرا قلبِ حزیں، میرا سوزِ دروں، میری آنکھوں کی سرخی میں تھا اک فسوں
میری برسوں کی پیہم ریاضت کا پھل، اپنی ہی ذات سے میں رہا بے خبر

بعض اوقات رشتوں کے یہ سلسلے، اپنے انجام پر مسکراتے رہے
بعض اوقات تو حشر یہ بھی ہوا، ایک تنہا ادھر ایک تنہا ادھر

کوئی رہزن نہ تھا، کوئی رہبر نہ تھا، کوئی منزل نہ تھی، کوئی رستہ نہ تھا
آگہی کا مقدر یہ تنہائیاں، میرا سایہ ہمیشہ مرا ہم سفر

اپنی سوچوں میں غرق اپنے خوابوں میں گم، ابتدا انتہا کے جھمیلوں میں گم
آئینہ توڑ دینے کی کوشش تو کی، اپنی ہستی سے پایا نہ پھر بھی مفر

جو بھی منزل ملی عارضی ہی وہ تھی، جو بھی ساحل ملا زیرِ آب آگیا
رفتہ رفتہ حقیقت ہوئی منکشف، زندگی کا مقدر مسلسل سفر

اب تذبذب کی راتیں گزر جائیں گی، صبحِ عرفاں کا سورج نکل آئے گا
آخر اس راز سے آشنائی ہوئی، اپنی ہستی پہ ایماں ہے رختِ سفر

اکتوبر ۱۹۸۳

## ۹۹۔ جرات رندانہ

مدتوں میں نے کنارے سے سمندر دیکھا
مدتوں دور سے طوفان کا منظر دیکھا

مدتوں لہروں کی طغیانی سے کتراتا رہا
مدتوں پانی کو چھونے سے بھی شرماتا رہا

مدتوں ریت کی دیواریں تھیں اپنا تکیہ
مدتوں ذات کو اپنی بھی دیا تھا دھوکہ

مدتوں میں بھی پکارا کیا ساحل ساحل
مدتوں جراتِ رندانہ نہیں تھی حاصل

شدت شوق سے دل کا مرے یہ عالم تھا
میں اٹھا اور سمندر میں خود ہی کود گیا

نومبر ۱۹۷۹

## ۱۰۰۔ جزیرہ

درد کے سمندر میں

رنج و غم کے طوفاں میں

کرب کی فضاؤں میں

بے بسی کی لہروں میں

دور اک جزیرہ ہے

اور اس جزیرے پر

رنگ و بو کے گلشن ہیں

راحتوں کی جھیلیں ہیں

نکہتوں کے صحرا ہیں

آشتی کے جنگل ہیں

ہم نے اس جزیرے پر

ایک دن پہنچنا ہے

جون ۱۹۸۵

خواب در خواب

## ۱۰۱۔ کب تک

خالد دل سے کب پوچھیں گے

کب تک رات کو دن سمجھیں گے
کب تک جھوٹ کو سچ لکھیں گے
کب تک جنگ کے منظر ہر سو
دیکھ کے ہم آنکھیں موندیں گے
کب تک ظلم کے قصے سن کر
کانوں کو ہم بند رکھیں گے
کب تک روح میں محشر پا کر
خاموشی سے لب سی لیں گے

خالد دل سے کب پوچھیں گے
کب تک خود کو دھوکے دیں گے

جون ۸۵

ڈاکٹر خالد سہیل

**۱۰۲۔ قطعہ**

زیست کے تند و تیز طوفاں میں
بے بہا خواہشیں بہادی ہیں
ساحلِ آرزو پہ آتے ہی
ہم نے سب کشتیاں جلادی ہیں

۸۵

**۱۰۳۔ قطعہ**

جذبات کا تلاطم
خاموش ہو گیا ہے
ساحل پہ سیپیاں ہیں
طوفاں گزر چکا ہے

۸۵

## ۱۰۴۔ پیشین گوئی

فردا کی عمارات میں اب ہوگا چراغاں
ماضی کے کھنڈر چاروں طرف گرتے رہیں گے

اب جرات رندانہ کی ہر راہ سجے گی
تقلید کے سب کہنہ ڈگر مٹتے رہیں گے

بوسیدہ روایات کی ہر ریت مٹے گی
اب تازہ خیالوں کے کنول کھلتے رہیں گے

ایقان کی ہر بزم میں قندیلیں ملیں گی
اوہام کے فرسودہ دیے مٹتے رہیں گے

ہم موت کے گرداب سے لڑنے کو ہیں تیار
ہم زیست کے ساحل سے گلے ملتے رہیں گے

جولائی ۱۹۸۴

ڈاکٹر خالد سہیل

# ۱۰۵۔ تلاش

میں چل رہا ہوں

میں ایک مدت سے چل رہا ہوں

میں زندگی کی حقیقتوں کی تلاش میں ہوں

میں منزلوں کے سراغ میں ہوں

میں روشنی کی تلاش میں ہوں

میں آشتی کا، سکونِ دل کا پتہ لگانا بھی چاہتا ہوں

اور آنسوئں کو گلے لگا کر میں مسکرانا بھی چاہتا ہوں

میں ایک مدت سے چل رہا ہوں

میں جنگلوں میں بھی پھر چکا ہوں

سمندروں سے گزر چکا ہوں

میں دشت و دریا کا اک مسافر

میں اپنی دنیا میں بڑھ رہا ہوں

کبھی کبھی میں یہ سوچتا ہوں

میں کتنا عاقل ہوں کتنا پاگل ہوں ایسی راہوں پہ چل رہا ہوں

جہاں نہ رہبر ہے اور نہ منزل

میں چلتے چلتے جو تھک گیا ہوں

نڈھال ہو کر میں گر گیا ہوں

مگر میں خود اٹھ کے اپنے دل میں

جو جھانکتا ہوں

تو دیکھتا ہوں

مرے ارادے جون اب تک

ہے میرے خوابوں میں آن اب تک

مرے خیالوں میں تاب اب تک

ہے میرے جذبوں میں شان اب تک

میں بڑھ رہا ہوں

میں مشکلوں سے گزر رہا ہوں

کسے خبر میرے آنسوؤں کے یہ قافلے مسکراہٹوں کا لباس پہنیں

کسے خبر ہے میں زندگی کی حقیقتوں کو تلاش کر لوں

میں منزلوں کا سراغ پا لوں

میں آشتی کا سکونِ دل کا پتہ لگا لوں

اور اپنے پیاروں میں

ابنِ آدم کے بے قراروں میں

اپنی خوشیوں کو بانٹ دوں میں

میں زندگی کی رگوں کے اندر خوشی کے قطروں سے رنگ بھر دوں

میں چل رہا ہوں

میں ایک مدت سے چل رہا ہوں

۸۱

(137)

ڈاکٹر خالد سہیل

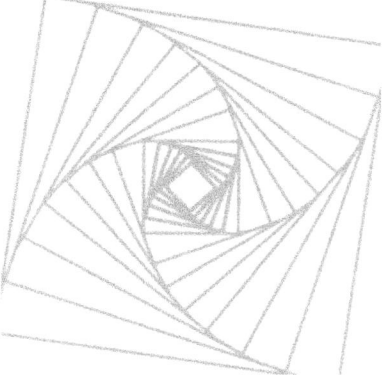

آزاد فضائیں

اپنی پرواز کا
اندازہ لگانے کے لئے
اپنے ماحول سے آزاد
فضائیں مانگیں

ڈاکٹر خالد سہیل

# تخلیقات

جرات پرواز

ا۔خوش بختی ۔149

## ہمارے بچے نیا اب نصاب چاہیں گے

| | | |
|---|---|---|
| ۲۔ | ہمارے بچے نیا اب نصاب چاہیں گے | 152 |
| ۳۔ | کفار کے سینوں میں خدا ڈھونڈ رہے ہیں | 153 |
| ۴۔ | ہم کہ حالات کے دھاگے سے بندھے ہیں چپ ہیں | 154 |
| ۵۔ | ہمارے گھر کی ہر اک چیز بے گھروں کی طرح | 155 |
| ۶۔ | آجائیں دبے پاؤں جو شہروں میں تضادات | 156 |
| ۷۔ | سب چہرے اب اِک جیسے ہیں | 158 |
| ۸۔ | نجانے کتنے خانوں میں بٹے رہتے ہیں ہم اکثر | 159 |
| ۹۔ | سورج دکھا کے ہم جو اندھا کرے کوئی | 160 |
| ۱۰۔ | برسوں سے کبھی دن بھی منور نہیں دیکھا | 161 |
| ۱۱۔ | قدم قدم پہ آپڑے ہیں کیسے کیسے امتحاں | 162 |
| ۱۲۔ | ہمارے بچے وہ جگنو جو روشنی لائیں | 163 |

خواب در خواب

| | | |
|---|---|---|
| ۱۳۔ | شہر کی بھیڑ میں ہم ایک مسیحا ڈھونڈیں | 164 |
| ۱۴۔ | بیگانوں سے پیار ہے جن کو ہمسایوں سے ڈرتے ہیں | 165 |
| ۱۵۔ | جس شہر میں گئے ہمیں اپنوں کے گھر ملے | 166 |
| ۱۶۔ | خزاں رتوں کو سنوارا ہے تازگی دے کر | 167 |
| ۱۷۔ | وہ ہم سے سادہ مزاجوں کے شبنمی رشتے | 168 |
| ۱۸۔ | تجھے پانا ہے بے موسم کا پھل چکھنا | 170 |
| ۱۹۔ | کیسی نرگسیت ہے، آئنوں سے ڈرتے ہیں | 171 |
| ۲۰۔ | ہمارے خواب لیکن مشک و عنبر | 172 |
| ۲۱۔ | آوازوں کی صبحیں ابھریں | 173 |
| ۲۲۔ | حصارِ ذات سے باہر اگر نہ نکلیں گے | 174 |
| ۲۳۔ | درخت پوچھ رہے ہیں بزرگ شاخوں سے | 175 |
| ۲۴۔ | اکیلا ہوں مگر تنہا نہیں ہوں | 176 |
| ۲۵۔ | ہر ایک شخص محبت کا اک جزیرہ ہے | 177 |
| ۲۶۔ | ہر پھول زمانے کا اسے لگتا ہے پتھر | 178 |
| ۲۷۔ | ثابت قدم ہے کون؟ جو ابتک چٹان ہے | 179 |
| ۲۸۔ | تقدس خانداں کا اپنے ہاتھوں ٹوٹتا پایا | 180 |

ڈاکٹر خالد سہیل

۲۹۔ صدیوں سے یہاں کوئی پیمبر نہیں اترا 181

۳۰۔ ہم نے اپنے بچوں کے بھی منہ کو خون لگایا ہے 182

۳۱۔ میں اپنے آپ کو چاہوں تو لوگوں کو گراں گزرے 183

۳۲۔ بغاوتیں ہیں سرخرو روایتوں کے شہر میں 184

۳۳۔ ہمارے خواب ابتک جل رہے ہیں 185

۳۴۔ جھانکا ہے پارساؤں کے ہم نے جو خواب میں 186

۳۵۔ بے منزل کے رستے ہیں 187

۳۶۔ جن رشتوں کو پیار سے سینچا ان رشتوں سے خوشبو آئی 188

## انسانیت کے رشتے

۳۷۔ انسانیت کے رشتے 190

۳۸۔ سوال 191

۳۹۔ کلونیلزم (COLONIALISM) 192

۴۰۔ جنوبی افریقہ 193

۴۱۔ ہر سیہ شخص جو بن جائے بلال اچھا ہے 194

۴۲۔ کیپ ٹاؤن 195

خواب در خواب

| | | |
|---|---|---|
| ۴۳ـ | خطا | 196 |
| ۴۴ـ | ماں کے نام خط (ترجمہ) | 197 |
| ۴۵ـ | یروشلم | 200 |
| ۴۶ـ | اسرائیل | 202 |
| ۴۷ـ | سعودی عرب | 204 |
| ۴۸ـ | مشرقِ وسطیٰ (۱) | 206 |
| ۴۹ـ | مشرقِ وسطیٰ (۲) | 208 |
| ۵۰ـ | تیسری دنیا | 210 |
| ۵۱ـ | پاکستان (مارشل لا کے دور میں) | 211 |
| ۵۲ـ | کیوبا (۱) | 212 |
| ۵۳ـ | کیوبا (۲) | 213 |
| ۵۴ـ | مونٹیگوبے جمیکا کی باتیں | 214 |
| ۵۵ـ | نیویارک | 216 |
| ۵۶ـ | زنداں | 217 |
| ۵۷ـ | انڈیا | 218 |
| ۵۸ـ | عالمی سیاست | 219 |

ڈاکٹر خالد سہیل

| | | |
|---|---|---|
| ۵۹۔ | تازہ ہواؤں کی تلاش | 220 |
| ۶۰۔ | یہ مری ہمسفر یہ ہوا | 221 |

## ایک عورت ہوں میں

| | | |
|---|---|---|
| ۶۱۔ | شہوت کا شہر | 227 |
| ۶۲۔ | پھول بیچنے والی | 229 |
| ۶۳۔ | ہاؤس ارسٹ (House Arrest) | 230 |
| ۶۴۔ | اکیسویں منزل پہ رہنے والی | 231 |
| ۶۵۔ | میری کہانی | 232 |
| ۶۶۔ | ایک احساس | 234 |
| ۶۷۔ | دو قتل | 235 |
| ۶۸۔ | ایک عورت ہوں میں | 237 |

## بوڑھی آنکھیں

| | | |
|---|---|---|
| ۶۹۔ | بوڑھی آنکھیں | 238 |

## تنہائی کے شہر میں خالد، قربت کا ہر لمحہ غنیمت

| | | |
|---|---|---|
| ۷۰۔ | بہت سے دوست بہت سے محبوب | 242 |
| ۷۱۔ | التجا | 244 |
| ۷۲۔ | تو | 245 |
| ۷۳۔ | سایہ دار درخت | 246 |
| ۷۴۔ | ایک عورت | 247 |
| ۷۵۔ | لمس | 248 |
| ۷۶۔ | برف کا تودہ | 249 |
| ۷۷۔ | میں اور تو | 250 |

## میں ایک قطرہ مگر تو سمندروں کی طرح

| | | |
|---|---|---|
| ۔ | میں ایک قطرہ مگر تو سمندروں کی طرح | 251 |
| ۷۸۔ | ایک حقیقت | 252 |

ڈاکٹر خالد سہیل

| | | |
|---|---|---|
| ۷۹۔ | برف زاروں میں رہنے والی | 253 |
| ۸۰۔ | ایک مسموم نظم | 254 |
| ۸۱۔ | وہ میری رات کے سب موسموں کی محرم تھی | 255 |
| ۸۲۔ | ہم | 256 |
| ۸۳۔ | پیرس میں ایک ملاقات | 257 |
| ۸۴۔ | انجان | 259 |
| ۸۵۔ | تنہائی کے شہر میں خالد، قربت کا ہر لمحہ غنیمت | 260 |

## صبا، رات، بادل، پھول

| | | |
|---|---|---|
| ۸۶۔ | صبا کا جھونکا | 261 |
| ۸۷۔ | اندھیری رات | 262 |
| ۸۸۔ | سنومین (SNOWMAN) | 263 |
| ۸۹۔ | بادل | 265 |
| ۹۰۔ | جنگلی پھول | 266 |

## ۔   امکان

| | | |
|---|---|---|
| ۹۱۔ | عرفان | 267 |
| ۹۲۔ | زخمی پرندہ | 268 |
| ۹۳۔ | ہم کبوتر ہیں | 269 |
| ۹۴۔ | ٹوٹا ہوا آدمی | 270 |
| ۹۵۔ | کرسمس ڈنر (CHRISTMAS DINNER) | 271 |
| ۹۶۔ | شکستگی | 274 |
| ۹۷۔ | خود فریبی | 275 |
| ۹۸۔ | سٹل برتھز (STILL BIRTHS) | 276 |
| ۹۹۔ | ڈر | 277 |
| ۱۰۰۔ | دودھاری تلوار | 278 |
| ۱۰۱۔ | شاعر | 279 |
| ۱۰۲۔ | نرگسیت | 281 |
| ۱۰۳۔ | ایک بوڑھا شاعر | 282 |

| | | |
|---|---|---|
| 283 | میرا گھر | ۱۰۴۔ |
| 285 | جذبے | ۱۰۵۔ |
| 286 | تنہائی | ۱۰۶۔ |
| 288 | لوٹ کے پھر وہ کب آتے ہیں | ۱۰۷۔ |
| 289 | وہ کبھی لوٹ کر نہ آئے گا | ۱۰۸۔ |
| 291 | امکان | ۱۰۹۔ |
| 293 | میں کون ہوں؟ | ۱۱۰۔ |

## خوش بختی

مجھے زیست نے

اپنی آغوشِ نعمت میں شام و سحر

قطرہ قطرہ

محبت کے پستان سے

شیرِ الفت پلایا

مرے ذہن میں

رنگ و نکہت کی اِک کہکشاں کو سجایا

مرے قلب کو

کرب کی وادیوں میں

اترنے کا رستہ بتایا

مجھے درد سہنا

مجھے پیار کرنا

مجھے شعر کہنا سکھایا

ستمبر ۱۹۸۵

ڈاکٹر خالد سہیل

(150)

خواب در خواب

(151)

ہمارے بچے نیا اب نصاب چاہیں گے

ڈاکٹر خالد سہیل

# غزل

نئی کتاب، مدلل جواب چاہیں گے
ہمارے بچے نیا اب نصاب چاہیں گے

روایتوں کے کھلونوں سے دل نہ بہلے گا
بغاوتوں سے منور شباب چاہیں گے

دیارِ ہجر کی اس بے حسی کے موسم میں
رفاقتوں کے معطر گلاب چاہیں گے

شب سیاہ سے سورج تراشنے والے
ہر ایک صبح نیا انقلاب چاہیں گے

حساب مانگیں گے اک دن وہ لمحے لمحے کا
ہمارے عہد کا وہ احتساب چاہیں گے

نومبر ۱۹۸۵

# غزل

صحراؤں میں ہم بادِ صبا ڈھونڈ رہے ہیں
کفار کے سینوں میں خدا ڈھونڈ رہے ہیں

تنہائی کی راتوں میں کسی جسم کی قربت
محرومی کے ہونٹوں پہ دعا ڈھونڈ رہے ہیں

فرعون کے اعمال میں انصاف کی خوشبو
جلاد کی آنکھوں میں حیا ڈھونڈ رہے ہیں

مجذوب کی باتوں میں معانی کے جواہر
بیمار کی حسیبوں میں شفا ڈھونڈ رہے ہیں

کیا سادہ ہیں ہم لوگ کہ ان مردہ دلوں میں
نسلوں سے کوئی زندہ خدا ڈھونڈ رہے ہیں

جولائی ۱۹۸۸

## غزل

شاخِ تنہائی پہ ڈر ڈر کے کھلے ہیں چپ ہیں

ہم کہ حالات کے دھاگے سے بندھے ہیں چپ ہیں

ہم نے شیشے کا مکاں مل کے بنایا لیکن

جب سے جانا ہے کہ پتھر کے بنے ہیں چپ ہیں

چار سو، پھیلا نظر آتا ہے قربت کا سراب

ہم روایات کے صحرا میں کھڑے ہیں چپ ہیں

ہم کو ہر رشتے سے جنت کی تھی امید پر اب

خاندانوں کی جہنم میں جلے ہیں چپ ہیں

زیست کی آگ میں جل جل کے فغاں کرتے ہیں

اور اس آگ میں کندن جو بنے ہیں چپ ہیں

دوست احباب بڑے رشک سے ملنے آئیں

ہم جو گھر چھوڑ کے جنگل کو چلے ہیں چپ ہیں

فروری ۱۹۸۸

# غزل

ہمارے گھر کی ہر اک چیز بے گھروں کی طرح

شریر بچوں کی بے ربط خواہشوں کی طرح

ہمارے عہد کے ذی ہوش خانداں سوچیں

وہ دلدلوں کی طرح ہیں کہ ساحلوں کی طرح

جدا ہوئے وہ گھروں سے تو یوں لگا سب کو

ٹپک پڑے ہوں وہ آنکھوں سے آنسوؤں کی طرح

بہت سے لوگ دلوں کے قریب تھے پر اب

بکھر گئے ہیں زمانے میں فاصلوں کی طرح

روایتوں کے اندھیروں میں ٹمٹماتے ہیں

جوان نسل کے افکار جگنوؤں کی طرح

زمانہ چھپتا ہے ان شاعروں سے اب خالد

جو شہرِ زیست میں آئے ہیں آئنوں کی طرح

اگست ۱۹۸۸

ڈاکٹر خالد سہیل

# غزل

جذبوں میں تضادات، ارادوں میں تضادات

روحوں سے چھلک آئے ہیں چہروں میں تضادات

نیندوں کے سمندر میں ہیں بے خواب جزیرے

اک زہر بنے رات کی آنکھوں میں تضادات

معصوم رداؤں پہ ملیں خون کے دھبے

آجائیں دبے پاؤں جو شہروں میں تضادات

بے لوث محبت کی نمی چوس رہے ہیں

سرطان کی مانند ہیں رشتوں میں تضادات

ہمسائے بھی بن جاتے ہیں پھر خون کے پیاسے

اک حشر بپا رکھتے ہیں قوموں میں تضادات

تعبیروں سے محروم رہے کیوں نہ وہ خالدؔ

انساں نے بسا رکھے ہیں خوابوں میں تضادات

مارچ ۱۹۸۸

# ایک شعر

آج کل کے بچوں نے ہم کو یہ سکھایا ہے
وہ جوان ہوتے ہیں لغزشوں کے سایے میں

ڈاکٹر خالد سہیل

# غزل

جذبوں سے محروم ہوئے ہیں
سب چہرے اب اک جیسے ہیں
سچائی کا زھر پیا ہے
خاموشی نے ہونٹ سیے ہیں
آنکھوں کے قبرستانوں میں
تنہائی کے دیپ جلے ہیں
انسانوں کے زندہ لاشے
چوراہوں پہ کب سے کھڑے ہیں
خالد آب ہم کس سے پوچھیں
کس نگری میں آنکلے ہیں

ستمبر ۱۹۸۸

# غزل

ہم اپنی ذات کے ٹکڑے سمیٹیں بھی تو ڈر ڈر کر
نجانے کتنے خانوں میں بٹے رہتے ہیں ہم اکثر

جہاں بادِ مخالف تیز ہو ہم لڑ کھڑا جائیں
یہ کیسے دائرے ہیں ہم، نہیں جن کا کوئی محور

ہم اپنے آئنوں سے اب خجل رہتے ہیں مدت سے
ہمارے چہرے کہتے ہیں ہمارے دل بنے پتھر

زمانے بھر میں پھر کر بھی ہمارا دل نہیں لگتا
ہم اپنے گھر میں رہ کر بھی لگیں ایسے کہ ہوں بے
گھر

وہ کیسا دور تھا خالد کہ تھے دیوار سیسے کی
بنا ہے رفتہ رفتہ ریت کی دیوار سا پیکر

اکتوبر ۱۹۸۸

# غزل

بیساکھیوں کے دوش پہ کیا کیا کرے کوئی
کب تک سنہرے خواب سہارا کرے کوئی

ہاتھوں میں بیڑیاں ہیں زبانوں پہ قفل ہیں
آنکھوں کی اب زبان سے بولا کرے کوئی

تازہ رفاقتوں کے حسیں ناخنوں کے ساتھ
ماضی کے سارے زخم کریدا کرے کوئی

خاموشیاں پہاڑ ہیں الفاظ جوئے شیر
بچوں کو اس طرح سے پڑھایا کرے کوئی

اس کی نوازشوں کا کریں بھی تو کیا سہیلؔ
سورج دکھا کے ہم کو جو اندھا کرے کوئی

مارچ ۱۹۸۸

## غزل

کیا تم نے کبھی اپنا مقدر نہیں دیکھا

ہر گھر میں جو بستا ہے یہاں ڈر نہیں دیکھا

آئینہ ہر اک کمرے کا حیراں ہے کہ کیونکر

جس شخص نے دیکھا اسے مڑ کر نہیں دیکھا

بنیاد بھی کمزور ہے دیواریں شکستہ

اس دور میں انسان کا پیکر نہیں دیکھا

لفظوں کی عمارت پہ ہیں آسیب کے سائے

شاعر تو کئی دیکھے پیمبر نہیں دیکھا

اس درجہ روایات کی دیواریں اٹھائیں

نسلوں سے کسی شخص نے باہر نہیں دیکھا

راتوں کی تو کیا بات ہے اس شہر میں خالدؔ

برسوں سے کبھی دن بھی منور نہیں دیکھا

اپریل ۱۹۸۸

ڈاکٹر خالد سہیل

# غزل

نہ رنج و غم کے ہیں بھنور، نہ راحتوں کے بادباں

ہماری زندگی ہے بے حسی کا بحرِ بیکراں

نہ راستوں سے باخبر، نہ منزلوں سے آشنا

عجیب مرحلوں سے اب گزر رہے ہیں کارواں

نہ دوستوں سے رازِ دل، نہ دشمنوں سے رنجشیں

ہمارے شہرِ اجنبی کی محفلیں دھواں دھواں

نہ خامشی میں ہے سکوں، نہ گفتگو عزیز ہے

قدم قدم پہ آپڑے ہیں کیسے کیسے امتحاں

سہیلؔ اتنی محنتوں سے سرخیاں ہی لکھ سکا

مگر یہ کیا کہ ان کہی ہی رہ گئی ہے داستاں

فروری ۱۹۸۷

## غزل

گھروں میں حسن، محلوں میں آگہی لائیں
ہمارے بچے وہ جگنو جو روشنی لائیں

ہماری سوچ کے پودے ہماری چاہ کے پیڑ
زمیں کی کوکھ سے نکلیں تو زندگی لائیں

ہماری زیست کے تاریک مسئلوں کے حل
ہماری ذات سے ابھریں تو چاندنی لائیں

مئی ۱۹۸۷

ڈاکٹر خالد سہیل

## غزل

دھند ہے چاروں طرف کوئی ستارا ڈھونڈیں

شہر کی بھیڑ میں ہم ایک مسیحا ڈھونڈیں

شوق ہر دور میں بڑھتا ہے سمندر کی طرح

اور کیا سادہ ہیں ہم اس کا کنارا ڈھونڈیں

بعض وہ عمر رسیدہ جو کھلونے مانگیں

اور کچھ عہدِ جوانی میں بڑھاپا ڈھونڈیں

بے حسی زیست کا کردار رہے گی کب تک

رات کو دل سے لگائیں کہ سویرا ڈھونڈیں

ہم بیابانوں سے لوٹے تو یہ خالدؔ سوچا

کیوں نہ ہم گھر میں جو کھویا ہے صحیفہ ڈھونڈیں

جون ۱۹۸۷

## غزل

انسانوں کے دیس میں ایسے دیوانے کیوں بستے ہیں

بیگانوں سے پیار ہے جن کو ہمسایوں سے ڈرتے ہیں

بعض گھرانے خوش قسمت ہیں چاند نکلتا ہے ہر شب

لیکن بعض گھروں میں سورج شام سے پہلے ڈھلتے ہیں

رشتوں کی تاریک گلی میں رستہ ڈھونڈنے والے لوگ

بھولے بھالے بچے جیسے نیند میں اکثر چلتے ہیں

گھر کی دہلیزوں پہ بوڑھے اونگھتے رہتے ہیں دن رات

جیسے تیز ہوا میں دیپک سہمے سہمے جلتے ہیں

ذہنوں کی محفل میں صدیوں زندہ رہتے ہیں کچھ دوست

اور کچھ ایسے لوگ ہیں خالدؔ موت سے پہلے مرتے ہیں

مئی ۱۹۸۶

ڈاکٹر خالد سہیل

# غزل

جس راہ سے بھی گزرے نئے ہمسفر ملے
ہر اجنبی سے زیست میں ہم بے خطر ملے

گہرے سمندروں میں جزیرے ہوئے نصیب
صحرا میں سایہ دار و تناور شجر ملے

ہم نے جو بیج بوئے ہیں بچوں کی نذر ہیں
پچھلی تمام نسلوں کے ہم کو ثمر ملے

جاتی رتوں نے ہم کو یہ تحفے عطا کئے
تنہا سے چند پھول ہمیں شاخ پر ملے

خالدؔ تمام عمر یہ آوارہ گردیاں
جس شہر میں گئے ہمیں اپنوں کے گھر ملے

اکتوبر ۱۹۸۶

(۱۶۷)

## غزل

رقابتوں کو نبھایا ہے دوستی دے کر
خزاں رتوں کو سنوارا ہے تازگی دے کر

ہر ایک گھر میں کچھ ایسے چراغ اب بھی ہیں
جو جل بجھے ہیں گھرانے کو روشنی دے کر

زمیں سے دور گئے تو قیامتیں گزریں
زمیں سے رشتے کو سینچا ہے زندگی دے کر

روایتوں کے کئی سو منات توڑے ہیں
زمانے بھر کے دماغوں کو آگہی دے کر

سہیلؔ کتنے پیمبر جہاں میں صدیوں سے
خجل ہوئے ہیں ہمیں پھول کاغذی دے کر

اکتوبر ۱۹۸۶

ڈاکٹر خالد سہیل

# غزل

سبھی سمجھتے رہے جن کو کاغذی رشتے
پڑا جو وقت تو نکلے وہ آہنی رشتے

سراغ دیتے رہے منزلوں کا جنگل میں
بھٹکتی زیست کی راہوں میں روشنی رشتے

ہر ایک رشتہ نئے روزنوں کو وا کر دے
گھٹن میں ذات کی کرتے رہے کمی رشتے

پہاڑ کاٹ کے وہ نہر دودھ کی لائے
جو دیکھنے میں بظاہر تھے ریشمی رشتے

بس ایک شب کا سہارا تھے ہم کو کیا معلوم
وہ ہم سے سادہ مزاجوں کے شبنمی رشتے

سہیلؔ کتنے فسردہ تھے جب ہوا احساس
کہ عمر بھر کے بھی رشتے ہیں عارضی رشتے

اکتوبر ۱۹۸۶

## ایک شعر

وقت اک بحرِ بیکراں خالدؔ
ہر ملاقات اک جزیرہ ہے

# غزل

بھنور میں ڈوب کر ساحل پہ آلگنا
تجھے پانا ہے بے موسم کا پھل چکھنا

کوئی ماچس دکھا کر سو گیا کب کا
ہماری نیند نے اب رات بھر جلنا

یہ کیسی موت، پانی تک نہ مانگا تھا
زباں کے سانپ کا کچھ اس طرح ڈسنا

ہمارے جرم ہیں سارے، مگر قیمت
ہماری اگلی نسلوں کو ادا کرنا

سہیلؔ اک دوسرے سے روز پوچھیں ہم
ہر اک سائے ہر اک آہٹ سے کیوں ڈرنا

اپریل ۱۹۸۶

## غزل

برف کے پہاڑوں پر، سرد لوگ بستے ہیں
قربتوں کی حدت سے، دور دور چلتے ہیں

کتنے گھٹیا تحفوں پر، کتنے عمدہ لیبل ہیں
کیسے کیسے چہروں پر ہم یہ روز پڑھتے ہیں

جسم کی حکومت ہے، روح خوف کھاتی ہے
کیسی نرگسیت ہے، آئنوں سے ڈرتے ہیں

خواہشوں کی ہے کثرت، وقت کی مگر قلت
قمقمے ہوں یا انساں، صبح و شام جلتے ہیں

آندھیاں ہیں بارش ہے، زندگی میں طوفاں ہے
پھر بھی ہم سہیل اکثر، سیر کو نکلتے ہیں

فروری ۱۹۸۶

ڈاکٹر خالد سہیل

## غزل

ہمارے دور کے اکثر پیمبر
بظاہر آدمی در پردہ پتھر

سبھی رشتوں کو دیمک لگ رہی ہے
کہیں تنہائیوں کے غم کہیں ڈر

جوانی چڑھتے دریاؤں کا موسم
بڑھاپے ہیں ہر اک قطرہ سمندر

ہماری ذات کا ہر ایک سورج
اندھیری رات سے نکلا ابھر کر

ہماری زندگی بے کیف خالدؔ
ہمارے خواب لیکن مشک و عنبر

اکتوبر ۱۹۸۵

## غزل

کیسی کیسی شامیں گزریں
دھڑکن دھڑکن نبضیں ڈوبیں

برسوں سے جو راز تھیں گھر کا
بچوں نے وہ باتیں کہہ دیں

آئینوں کو دیکھ کے ہم نے
جانے کیا کیا باتیں سوچیں

خوابوں کی شہزادی جاگی
آنکھوں نے جب پلکیں اوڑھیں

خاموشی کی رات سے خالد
آوازوں کی صبحیں ابھریں

مئی ۱۹۸۵

ڈاکٹر خالد سہیل

## غزل

کسی کے دردِ تمنا کو کیسے سمجھیں گے
حصارِ ذات سے باہر اگر نہ نکلیں گے

گھروں میں دیدۂ بینا کو بھولنے والے
دھنک بہار کی پھیلی تو کیسے دیکھیں گے

زمیں کی پیاسی فضاؤں کو دیکھ کر بادل
گلے لگائیں گے اک دوسرے کو رو دیں گے

کتابِ زیست کی تاریکیاں مٹانے کو
ورق ورق سے معانی کے چاند ابھریں گے

پہاڑ کاٹ کے بھی کیوں نہ جوئے شیر ملی
سہیل تیشوں سے اک روز ہم یہ پوچھیں گے

جولائی ۱۹۸۵

## غزل

پیام لائی ہوائیں گلاب چہروں سے

اداسیوں کی مہک آ رہی ہے پھولوں سے

کسی نے اشک بہائے کسی نے آہ بھری

کسی نے زخموں پہ مرہم لگائے لفظوں سے

نہ رَت جگوں کی تمنا نہ نیند کی خواہش

ڈرے ڈرے ہیں سبھی لوگ اپنے خوابوں سے

ہماری کلیوں نے کیوں مسکرانا چھوڑ دیا

درخت پوچھ رہے ہیں بزرگ شاخوں سے

نہ منزلوں کا نشاں ہے نہ سنگِ میل کوئی

سہیل تھک سے گئے ہیں ہم ایسے رستوں سے

جولائی ۱۹۸۵

ڈاکٹر خالد سہیل

## غزل

میں تیرا ہوں مگر تجھ سا نہیں ہوں

اکیلا ہوں مگر تنہا نہیں ہوں

ہوں جب سے مونس و غمخوار اپنا

میں اپنی ذات سے ڈرتا نہیں ہوں

امیدیں صبح کی چاروں طرف ہیں

اندھیری شب میں گھبراتا نہیں ہوں

مرے اندر ہزاروں داستانیں

میں خاموشی کا اک لمحہ نہیں ہوں

مری منزل کو خالد کون جانے

میں واپس لوٹ کر آتا نہیں ہوں

جولائی ۱۹۸۵

# غزل

سجا سجا سا نئے موسموں کا چہرہ ہے
خزاں کا حسن بہاروں سے بڑھ کے نکھرا ہے

رفاقتوں کے سمندر میں شہر بستے ہیں
ہر ایک شخص محبت کا اک جزیرہ ہے

سفر نصیب ہوا جب سے شاہراہوں پر
تو فاصلوں کا بھی احساس مٹتا جاتا ہے

ہمارے دور کی تاریکیاں مٹانے کو
سحابِ درد سے خوشیوں کا چاند ابھرا ہے

رواں ہیں شہر کے حقدار منزلوں کی طرف
جو قافلے کا ہے قائد وہ ایک بچہ ہے

معززین میں شامل یہاں کے کتے ہیں
یہ کس دیار میں خالدؔ سہیل رہتا ہے

اکتوبر ۱۹۸۵

## غزل

ہر پھول زمانے کا اسے لگتا ہے پتھر
انساں کے لبادے میں وہ اک شیشے کا پیکر

کنکر کوئی پھینکے گا تو یہ بھید کھلے گا
تالاب ہے ندی ہے وہ دریا کہ سمندر

کردار کی عظمت کی صلیبوں کے پجاری
سولی پہ تو چڑھنے سے نہیں بنتے پیمبر

نومبر ۱۹۸۵

خواب در خواب

# غزل

حیرانگی سے دیکھ رہا آسمان ہے

سب سے جدا فضاؤں میں کس کی اڑان ہے

دشواریوں کے بوجھ سے سب ریت ہو گئے

ثابت قدم ہے کون؟ جواب تک چٹان ہے

وہ کون ہے یہاں جسے طوفاں کا ڈر نہیں

پانی کے راستے میں یہ کس کا مکان ہے؟

دل کے شکوک کس نے مقدس بنا دیے

ایمان کس کے ذہن میں وہم و گمان ہے

کتنے تعلقات کو دیمک لگی مگر

اک شخص اپنی ذات میں ہی خاندان ہے

الفاظ جو نہ کہہ سکے کردار کہہ گئے

خاموشیوں کے منہ میں بھی خالد زبان ہے

جنوری ۱۹۸۸

# غزل

کھلی آنکھوں سے سونے کا یہ ہم نے کیا صلہ پایا
نجانے کتنی صدیوں کا مسلسل رتجگا پایا

بکھرتے جا رہے ہیں ہر طرف تسبیح کے دانے
تقدس خانداں کا اپنے ہاتھوں ٹوٹتا پایا

پرندوں کی اڑانوں میں عجب سی بے کلی دیکھی
فضا میں خوف کا پیہم دھواں اٹھتا ہوا پایا

بظاہر ان کے چہرے راکھ کا ملبہ نظر آئے
دلوں میں ان کے اک چنگاریوں کا سلسلہ پایا

عجب تنہائیاں بستی ہیں عرفاں کے جزیرے پر
نہ ہم نے آشنا خالد نہ کوئی ناخدا پایا

مارچ ۱۹۸۹

# غزل

تالاب کے دل میں کوئی کنکر نہیں اترا
صدیوں سے یہاں کوئی پیمبر نہیں اترا

ہر گھر میں بڑھی جاتی ہے رسوائی کی خواہش
مدت سے کسی صحن میں پتھر نہیں اترا

سیراب کہاں کرتی ہے صحراوں کو بارش
اس دشت کے پہلو میں سمندر نہیں اترا

خالد تری غزلوں میں ابھی کاٹ نہیں ہے
خوابوں میں ابھی تک ترے خنجر نہیں اترا

جون ۱۹۸۹

## غزل

ہم سے اگلی نسلوں نے یہ کیسا ورثہ پایا ہے
ہم نے اپنے بچوں کے بھی منہ کو خون لگایا ہے

ہم نے خود دیوار اٹھائی ہر رشتے میں نفرت کی
اور پھر ہم نے خود ہی اس سے اپنا سر ٹکرایا ہے

ہم نے ہر اک چوراہے پر، سچ کو خود سنگسار کیا
لیکن پھر بھی مجرم ہم نے غیروں کو ٹھہرایا ہے

ہمسایوں نے مل کے ہمارے گھر کو جس دن گھیر لیا
اس دن ہم نے سوچ سمجھ کر اپنے گھر کو جلایا ہے

خالد جس کو شہر میں دیکھو ہم سے وہ ناراض ہوا
ہم نے جب سے لوگوں کو اک آئینہ دکھلایا ہے

اگست ۱۹۹۰

## خود پسندیدگی

نہ کوئی آشنا گزرے نہ کوئی رازداں گزرے

گلی کوچوں سے بیگانوں کا ہر شب کارواں گزرے

میں ایسے شہر میں بستا ہوں سب بیزار ہیں خود سے

میں اپنے آپ کو چاہوں تو لوگوں کو گراں گزرے

مارچ ۱۹۸۹

ڈاکٹر خالد سہیل

# غزل

سہیل سر بلند ہم ندامتوں کے شہر میں
بغاوتیں ہیں سر خرو روایتوں کے شہر میں
ہمارے لفظ لفظ میں حقیقتوں کا عکس ہے
صداقتیں ہیں معتبر کہاوتوں کے شہر میں
رفاقتوں کی ریت کا ہمیں نے حق ادا کیا
ہمیں گھنے درخت ہیں تمازتوں کے شہر میں
ہمیں سے صبحِ علم کی جواں ہے آس آج تک
ہمیں جلے ہیں رات بھر جہالتوں کے شہر میں
ہمارے دم سے ہی سہیلؔ زندگی کی بازیاں
محبتوں نے جیت لیں عداوتوں کے شہر میں

فروری ۱۹۹۰

## دو شعر

ہماری سادگی کی انتہا ہے
کہ فردا میں بھی ماضی ڈھونڈتے ہیں
بظاہر راکھ لیکن اس کے نیچے
ہمارے خواب اب تک جل رہے ہیں

جون ۱۹۹۰

ڈاکٹر خالد سہیل

# غزل

الجھے ہوئے ہیں کب سے گناہ و ثواب میں
گھولا ہے ہم نے زہر خود اپنے شباب میں

شہوت ہر ایک موڑ پہ روکے ہے راستہ
رہتی ہے اپنی چاہ بھی کتنے عذاب میں

کتنی جوانیوں کا مقدر رہے تشنگی
کتنوں کی یاں پہ عمر کٹی ہے سراب میں

قربت کا ایک پھول بھی اس میں نہ کھل سکا
جسموں کی ایسی فصل اگی ہے حجاب میں

محرومیوں نے اوڑھے گناہوں کے پیرہن
جھانکا ہے پارسائوں کے ہم نے جو خواب میں

جولائی ۱۹۹۰

# غزل

بے منزل کے رستے ہیں
جن پر ہم سب چلتے ہیں
تنہائی کے دیپ ہیں ہم
ہر محفل میں جلتے ہیں
خاموشی میں کتنے رنگ
لفظوں سے ہم بھرتے ہیں
دیواروں کے سائے میں
ان کے قاتل پلتے ہیں
خالدؔ اپنے شہر کے لوگ
اپنے گھر سے ڈرتے ہیں

جولائی ۱۹۹۰

# غزل

جن رشتوں کو پیار سے سینچا، ان رشتوں سے خوشبو آئی
جن لوگوں نے نفرت بوئی، ان لوگوں نے نفرت پائی

جب جی چاہا آجاتے ہیں، من کی باتیں کر جاتے ہیں
کچھ دن کا ہے جیون اپنا، کچھ دن کی ہے یہ تنہائی

آوازیں ہیں کنکر پتھر، خاموشی اک گہرا سمندر
نادانوں کو دیکھ کے اکثر، چپ ہی رہتی ہے دانائی

پل بھر میں جو رنجیدہ ہو، پل بھر میں جو خوش ہو جائے
کوئی کہے حساس بہت ہے، کوئی کہے ہے وہ سودائی

خالد تجھ میں آخر کیا ہے؟ کیوں ہیں اتنے چاہنے والے
سب یہ جانیں تو پاگل ہے سب یہ جانیں تو ہر جائی

اگست ۱۹۸۹

# انسانیت کے رشتے

ڈاکٹر خالد سہیل

## انسانیت کے رشتے

زبان اس کی تھی لیکن سوال اپنا تھا

وہ اجنبی تھا مگر ہم خیال اپنا تھا

عجیب حال ہوا جب بھی اس کا حال سنا

زوال اس کا لگا یوں زوال اپنا تھا

جولائی ۱۹۸۵

# سوال

دعائیں بے اثر کیوں ہیں؟ ریاضت دربدر کیوں ہے؟
ہمارے شہر کی ہر رات محرومِ سحر کیوں ہے؟

ہمارے عہد کے مظلوم ہم سے پوچھتے یہ ہیں؟
ہماری زندگی کا ہر شجر اب بے ثمر کیوں ہے؟

نومبر ۱۹۸۵

## کلونیلزم (Colonialism)

ہم نے اپنے آقاؤں سے

نفرت کی ہے

لیکن ان کے نقشِ قدم پر

سر بھی جھکایا

ان کے منہ پر تھوکا لیکن

طرزِ عمل کو

دل سے لگایا

ہم بھی کتنے سادہ دل ہیں

نومبر ۱۹۸۷

# جنوبی افریقہ

اس سے بڑھ کر کبھی حالات نہ ابتر دیکھے
شہرِ خوش رنگ کے معمار ہی بے گھر دیکھے
ہم نے پتھرائی ہوئی آنکھوں میں جب بھی جھانکا
کہیں آسیب، کہیں خوف، کہیں ڈر دیکھے
جن کی محنت نے سیہ کانوں سے ہیرے کاٹے
ان کے بچوں نے سدا کھیل میں کنکر دیکھے
ہر مسافر یہاں پیتا رہا آنسو اپنے
اور گزرگاہوں پہ روتے ہوئے پتھر دیکھے
شہر کی آنکھوں میں اب خون اتر آیا ہے
ہم نے حالات کے بگڑے ہوئے تیور دیکھے

جنوری ۱۹۸۶

## غزل

کالے جسموں کی ریاضت کا مآل اچھا ہے
حکمراں اب نظر آتے ہیں نڈھال اچھا ہے

خودکشی کرنے کو تیار ہیں لاکھوں انساں
کون کہتا ہے کہ اس شہر کا حال اچھا ہے

جس طرف جاتے ہیں دیواریں ہی دیواریں ہیں
شہر کا شہر گرا دو یہ خیال اچھا ہے

کتنے جذبات دبائے گئے صدیوں سے یہاں
اب اگر خون میں آیا ہے ابال اچھا ہے

اونچے میناروں سے دے جا کے اذانِ جمہور
ہر سیہ شخص جو بن جائے بلال اچھا ہے

جب بھی بازار میں بڑھ جائے کا انسان کا نرخ
برملا ہم یہ کہیں گے کہ وہ سال اچھا ہے

عہدِ انصاف کی امید پہ زندہ ہے سہیلؔ
عہدِ فرسودہ پہ آ جائے زوال اچھا ہے

فروری ۱۹۸۶

## کیپ ٹاؤن (Capetown, South Africa)

عجیب شہرِ تضاد دیکھا

زمیں پہ میں نے

عذاب دیکھا

جدائیوں کی

خلیج دیکھی

محبتوں کا

سراب دیکھا

فضا میں لیکن

لطافتوں کا

شباب دیکھا

پہاڑیوں کی

چھتوں پہ چڑھ کر

سمندروں کا

ملاپ دیکھا

جنوری ۱۹۸۶

# خطا

مری اماں !

مجھے اتنا بتادو

میرے ابو کی خطا کیا تھی

مری اماں !

مرِے ابو ہمیشہ جیل میں کیوں تھے

مرِے بیٹے !

وہ کالے تھے

جنوری ۱۹۸۶

## ماں کے نام خط

مری ماں مجھ سے مت پوچھو
کہاں رہتے ہیں کیا کرتے ہیں
اپنی زندگی کا منتہیٰ کیا ہے
بس اتنا جانتے ہیں ہم
ہمیں سایہ نظر آئے تو اس پر وار کر دیں ہم
ہمیں دشمن نظر آئے تو اس کا سر قلم کر دیں
ہم اپنی آرزؤں اپنے خوابوں کے محافظ ہیں
ہم اپنی منزلوں کی راہ تکتے ہیں
مری اماں
فرڈ کو جانتی تھی تم
مرے اس دوست کو ان دشمنوں نے قتل کر ڈالا
تمہیں بل یاد ہو شاید
اسے بھی مار ڈالا کل پہاڑی پر

بہت سے اور بھی ساتھی

ہماری راہِ آزادی میں کام آئے

مگر ہم بڑھ رہے ہیں

دن بدن آگے ہی بڑھتے جا رہے ہیں ہم

مری اماں

جہاں ہم لوگ رہتے ہیں

وہاں پر مکھیاں ہیں اور مچھر ہیں

وہاں جنگل ہے دلدل ہے

فضا بارود سے بوجھل

زمیں مردوں کا مسکن ہے

ہماری زندگی اب موت سے دست و گریباں ہے

ہر اک ذی روح بدبودار جنگل میں پریشاں ہے

مری ماں مجھ سے مت پوچھو

ہماری زندگی کی انتہا کیا ہے

خواب در خواب

بس اتنا جانتے ہیں ہم

ہم اپنی آرزوؤں اپنے خوابوں کے محافظ ہیں
ہم اپنے دشمنوں سے روز لڑتے ہیں
ہم اپنی منزلوں کی راہ تکتے ہیں


ترجمہ خالد سہیل

شاعر کو نارا

جنوبی افریقہ

یروشلم

خواب در خواب

ابرہیم کا شہر کہ جس کی

بنیادوں کو محکم کرنے

امن نے مٹی، عشق نے گارا

قربانی نے پتھر ڈالے


ابرہیم کا شہر کہ جس کی

دیواروں کو اونچا کرنے

موسیٰ، عیسیٰ، اور محمد

اپنی اپنی امت لائے


ابرہیم کا شہر کہ جس کے

میناروں کا حسن بڑھانے

فنکاروں نے برسوں مل کر

کیسے کیسے نقش بنائے

آج جو میں اس شہر سے گزرا

ایک عجب ہی منظر دیکھا

بنیادوں کو خون اگلتے

دیواروں کو گریہ کرتے

میناروں کو آہیں بھرتے

ہمسایوں کو لڑتے دیکھا

انسانوں کو مرتے دیکھا

------------

جون ۱۹۸۶

ڈاکٹر خالد سہیل

# اسرائیل

نفرت بھی عجب اور محبت بھی عجب تھی

اس شہر میں قربت کی روایت بھی عجب تھی


دیواریں تھیں ہم راز مگر دل میں خلیجیں

ہمسایوں کی آپس میں رقابت بھی عجب تھی


اک باپ کی اولاد مگر خون کے پیاسے

دشمن تھے مگر ان میں شباہت بھی عجب تھی


خاموشی کا ہر لمحہ وہاں چیخ رہا تھا

آوازوں کی بستی میں بغاوت بھی عجب تھی

معصوم جبینوں پہ ملے خون کے چھینٹے
اور اس پہ ستم خون کی رنگت بھی عجب تھی

جو شخص ملا کانچ کا پیکر لگا مجھ کو
اور کانچ کی پتھر سے رفاقت بھی عجب تھی

ہر نسل نئی نسل کو دیتی رہی ہتھیار
اس شہر میں خالد یہ وراثت بھی عجب تھی

جولائی ۱۹۸۶

# سعودی عرب

روشنی سہمی ہوی سی، زندگی اک امتحاں
مسجدیں پرنور لیکن شہر میں تاریکیاں

ملک کے قانون کا گھر گھر یہ دیکھا معجزہ
عورتیں معزور ہیں اور آدمی ہیں بے زباں

ہر مہاجر کو[1] اقامہ جان سے بڑھ کر عزیز
گھر کبھی بھولیں تو آجائے قیامت ناگہاں

سینکڑوں معصوم ہیں روزِ جزا کے منتظر
ڈس رہی ہیں جن کو اب تک قید کی تنہائیاں

تیسرے درجے کے بھی اس شہر میں شہری ملے (۲)
جن کے آنگن میں اگیں شام و سحر محرومیاں

عدل کی رنگت اڑی ہے آنکھ میں آنسو بھی ہیں
اس کو جب مظلوم کی اڑتی ملی ہیں دھجیاں

شہر لگتا ہے کہ جیسے اک مقدس جیل ہو
بن گئے جلاد اب خود ہی حرم کے پاسباں

جنوری ۱۹۸۷

---

(۱) اقامہ۔ وہ پاس بک ہے جس کے بغیر مہاجرین کا ملک میں گھومنا پھرنا جرم ہے۔ پکڑے جائیں تو مقدمہ چلائے بغیر جیل میں ڈال دیے جاتے ہیں۔

(۲) سعودی، عرب، مرد مسلمان اور سفید فام امریکی اور یورپین مرد پہلے درجے کے، غیر سعودی، عرب، مرد مسلمان دوسرے درجے کے، پاکستانی، ہندوستانی، فلپینی، مرد، سیاہ فام، مسلمان مرد اور سب عورتیں تیسرے درجے کی شہری ہیں۔

ڈاکٹر خالد سہیل

# مشرقِ وسطی (۱)

اپنے تاریخ سے تقدیر بنانا سیکھیں
اپنے دشمن سے بھی اب ہاتھ ملانا سیکھیں

جنگ ایسی کہ کوئی جیت نہیں، ہار نہیں
یہ حقیقت ہے، نہیں کوئی فسانہ، سیکھیں

ہم نے جن لاشوں پہ کل فخر کیا ناز کیا
آج ان لاشوں پہ ہم آنسو بہانا سیکھیں

اتنی تاریکی ہے صدیوں سے مسافر گم ہیں
آؤ ہر موڑ پہ اب دیپ جلانا سیکھیں

آسراریت کی دیواروں کا ہم لیتے رہے
کیوں نہ اس ریت میں کچھ پھول اگانا سیکھیں


اپنے بچوں کی اگر ہم کو ہیں جانیں پیاری
اپنے ماضی کو کسی طور بھلانا سیکھیں


چاہے وہ دوست ہوں دشمن ہوں یا اغیار سہیل
کاش انسانوں کو سینوں سے لگانا سیکھیں

اپریل ۱۹۸۸

ڈاکٹر خالد سہیل

# مشرقِ وسطی (۲)

شہروں میں بارود کے بادل
دھیرے دھیرے چھانے لگے ہیں
صحرائوں میں خون کی ہولی
کھیلنے والے کھیل رہے ہیں

دنیا بھر نے اپنے بیٹے
مقتل میں اب بھیج دیے ہیں
ہونے والی بیوائوں نے
اپنے چہرے نوچ لئے ہیں

بچوں کے سب خواب سہانے
خون میں کب سے لتھڑے ہوئے ہیں
امن وسکوں کی دیوی نے اب
اپنے کپڑے پھاڑ دیے ہیں

دانائی کے سارے رستے

برسوں سے سنسان پڑے ہیں

پاگل پن کی شاہراہوں پر

کب سے انساں ناچ رہے ہیں

نومبر ۱۹۹۰

ڈاکٹر خالد سہیل

## تیسری دنیا

خاموشی ہے سناٹا ہے

آوازوں کا قحط پڑا ہے

دل میں خوف کے خوں کی گردش

ہر چہرے کا رنگ اڑا ہے

سب آنکھیں پتھرائی ہوئی سی

ہر راہی زنجیر بپا ہے

فنکاروں کے ہاتھ قلم ہیں

معصوموں کا خون بہا ہے

ایسا شہر ہمیشہ خالدؔ

طوفانوں کی زد میں رہا ہے

جنوری ۱۹۸۶

# پاکستان (مارشل لا کے دور میں)

حدیث کربِ نہاں اب کرے بیاں کوئی
سنائے جبرِ مسلسل کی داستاں کوئی

میں کس سے شہرِ تمنا کا راستہ پوچھوں
کہ اس ہجوم میں پاؤں نہ ہم زباں کوئی

کسے ہے شک کہ وہ گھٹ گھٹ کے مر نہ جائیں
گے
جو اپنے گھر میں بھی پائیں نہ رازداں کوئی

تمام شہر کو آزادیوں کی خبریں دے
قفس قفس پہ رقم کر کے آشیاں کوئی

جو بام و در پہ منقش ہوا ہے ذہنوں کے
وہ شہرِ درد کا شاید ہے بے نشاں کوئی

ہمارے بچوں کی سوچوں پہ کب سے پہرے
ہیں
کہاں سے آئے گا آزاد نوجواں کوئی

شبِ حیات بڑی مختصر رہی خالدؔ
نہ ماہتاب ہی دیکھے نہ کہکشاں کوئی

جنوری ۱۹۸۵

## کیوبا (۱)

غربت میں بھی ہمت دیکھی

جرأت کی اک دولت دیکھی

مزدوروں کو شام سے پہلے

ملتے ان کی اجرت دیکھی

تھوڑے کو جب بانٹ کے کھایا

تھوڑے میں بھی برکت دیکھی

محنت کی اس شہر میں ہم نے

کرتے سب کو عزت دیکھی

گنے کے کھیتوں میں خالدؔ

مزدوروں کی جنت دیکھی

اپریل ۱۹۸۸

# کیوبا (۲)

ہم نے ایسا شہر بھی دیکھا

جس کی دھرتی ماں کے بچے

اپنی قوم کے شہزادے ہیں

لیکن ایسے شہزادے جو

شہر سے باہر جا نہیں سکتے

اور اگر وہ باہر جائیں

شہر میں واپس آ نہیں سکتے

اپریل ۱۹۸۸

## مونٹیگو بے جمیکا کی باتیں

بیکاری اور لاچاری کے

کالے کالے بادل ہر سو

چنگھاڑیں اور شور مچائیں

شہر کے کتنے کالے بچے

ماں کے پستانوں سے خائف

روتے روتے سوتے جائیں

تنہائی کی سڑکیں ہر شب

پیار سے اپنا دامن کھولے

ہر بے گھر کو دل سے لگائیں

چاروں طرف اک گہرا سمندر

ساحل پر کچھ عریاں پریاں

ہر رہرو کا جی للچائیں

بیکاری کے اور مشاغل

امیدوں کی نیندوں میں وہ

لمحہ لمحہ خواب سجائیں

ٹورسٹوں سے ڈالر لے کر

کرکٹ کی اور شوگررے کی[1]

باتیں کرکے جی بہلائیں

مئی ۱۹۸۷

(۱) شوگررے سیاہ فام باکسر جس نے ۱۹۸۷ کی چیمپین شپ جیتی تھی

## نیویارک

رات آسیب کا سایہ ہے کہ ڈر جاتے ہیں

خوف ہر موڑ پہ رقصاں ہے جدھر جاتے ہیں

شام آلودۂ خوں ہے کہ بھرے شہر کے بیچ

کتنے خنجر ہیں جو سینوں میں اتر جاتے ہیں

سہ پہر اتنی ہراساں کہ گلی کوچوں میں

لوگ خاموشی سے چپ چاپ گزر جاتے ہیں

دوپہر جبر سے مسموم چتا ہے جس میں

بے زباں بھوک سے بے وقت ہی مر جاتے ہیں

صبح بیمار کے چہرے کی طرح زرد سدا

جس میں معصوموں کے شیرازے بکھر جاتے ہیں

رات دن اتنے بھیانک ہیں کہ اکثر خالد

آدھے رستے سے ہی ہم لوٹ کے گھر جاتے ہیں

اکتوبر ۱۹۸۷

# زنداں

اونچی اونچی دیواروں پر
کانٹوں کا اک جال بچھا ہے
فرش پہ ٹوٹے شیشے کنکر
چاروں طرف اک خوف کا منظر
دروازوں پر قفل لگے ہیں
دروازوں کے باہر کب سے
وردی میں ملبوس ہمیشہ
انسانوں کی شکل کے پیکر
بندوقوں سے لیس کھڑے ہیں
جانے کس کی راہ تکے ہیں؟

اپریل ۱۹۸۷

## انڈیا

شہروں کی زندگی میں عجب بے کلی ملی
ہر اک گلی کے موڑ پہ وحشت کھڑی ملی

مذہب تعصبات کی پھر زد میں آگیا
دل میں مبلغوں کے عجب بے حسی ملی

جن راستوں میں پیار کے دریا بہے سدا
اب کے برس وہاں ہمیں خوں کی ندی ملی

خوف و ہراس ایسا سبھی گھر میں قید تھے
مجبوریوں میں گھر کے ہمیں زندگی ملی

صدیوں سے جن کو اپنے خداوں پہ ناز تھا
آنکھوں میں ان کے جھانکا تو شرمندگی ملی

دل میں ترے کلام کے اترے ہیں جب سہیل
انسان دوستی کی ہی خواہش چھپی ملی

جنوری ۱۹۹۱

# عالمی سیاست

جبین عدل کی رنگت جو خونچکاں ٹھہری
ہمارے عہد کی ہر آہ بے زباں ٹھہری

نہ جانے کون کسی لمحہ قتل ہو جائے
حیات اہل سیاست سے بدگماں ٹھہری

سلامتی کے خداؤں نے خون تھوکا ہے
رفاقتوں کی روایت دھواں دھواں
ٹھہری

ڈھکے چھپے جو تضادات تھے ابھر آئے
ہر ایک جنگ وفاؤں کا امتحاں ٹھہری

نہ کوئی شہر نہ دیہات بچ سکا اس سے
چلی جو ظلم کی آندھی تو پھر کہاں ٹھہری

سہیلؔ چاروں طرف بے بسی کے طوفاں ہیں
صدا عوام کی ابھری تو بادباں ٹھہری

اپریل ۱۹۸۶

## تازہ ہواؤں کی تلاش

ہم روایات کے تہہ خانوں میں محصور رہے
نسل در نسل رہی زندہ خدائوں کی تلاش
شہر محبوس میں صدیوں سے بسیرا اپنا
ہم کو ہر گام رہی تازہ ہوائوں کی تلاش

اگست ۱۹۸۵

# یہ مری ہمسفر یہ ہوا

یہ مری ہمسفر یہ ہوا
میرے شانے کو نرمی سے تھپکا کے سرگوشیاں کر رہی ہے
چلو پھر چلو اے مرے ہمسفر
ایک بار اور رختِ سفر باندھ لو
آو مل کر پہاڑوں کے اوپر چڑھیں
وادیوں میں چلیں بستیوں میں پھریں
آو ہم زندگی کے نئے موسموں سے ملیں
اور میں نے بڑے پیار سے یہ ہوا سے کہا
اے مری ہمسفر
تیری دعوت سنی تو مجھے جھرجھری آگئی
تیری باتیں سنیں تو مجھے ذہنی دھچکے لگے
زخم جتنے تھے سارے ہرے ہو گئے
کیا تجھے یاد ہے اے ہوا

ڈاکٹر خالد سہیل

اپنا پچھلے برس کا سفر

میں ترے ساتھ ساتھ

کتنی مشرق کی گلیوں میں سڑکوں پہ پیدل چلا

کتنی مغرب کی میں شاہراہوں پہ گھوما پھرا

بستیوں میں رکا ہوٹلوں میں بسیرا کیا

کتنے شہروں کے میں اجنبی آشنا خاندانوں سے ملتا رہا

کیسے کیسے مناظر نے روکا مجھے

کیسے کیسے مسائل نے بڑھ کر جھنجھوڑا مجھے

اور میں بھیگی آنکھیں لئے آگے بڑھتا رہا

کتنے بچے ملے

جو گھروں اور مکتب میں تازہ ہوا کو ترستے رہے

کتنے بوڑھے ملے

جن کی مجبوریوں کا مضحکہ اڑاتی رہیں ان کی تنہائیاں

اور کتنے جواں مجھ کو ایسے ملے

جنگ کے قافلوں میں جو بڑھتے رہے

**خواب در خواب**

لے کے اپنی ہتھیلی پہ اپنی ہی جاں

میں نے ایسی کئی عورتوں سے ملاقات کی

اپنے ماحول سے جو کہ دلگیر تھیں

بے بسی کی وہ تصویر تھیں

کتنے کالے ملے

نسل در نسل جو اپنے حق اور انصاف کی جستجو میں

صلیبوں پہ چڑھتے رہے

اور پھر میں نے دیکھے کئی خانداں

جن کی تسبیح کے سارے دانے بکھرتے رہے

مختصر یہ کہ میں جس طرف بھی گیا

ظلم کے بادلوں

بے بسی اور جہل و تعصب کی بوجھل فضائوں نے گھیرا مجھے

آج بھی اس سفر کے مناظر سبھی

میرے خوابوں میں آ کر ڈرائیں مجھے

میری باتیں سنیں

ڈاکٹر خالد سہیل

تو ہوا مسکرا کر یہ کہنے لگی

اے مرے ہمسفر

کتنے سادہ ہو تم

کتنے بزدل ہو تم

ایک ہی عکس دیکھا تو شرما گئے

اک برس میں ہی گھبرا گئے

میں نے صدیوں سے ان راستوں، وادیوں، بستیوں میں بسیرا کیا

ہر برس میں نے ان آتے جاتے سبھی موسموں کو سہارا دیا

جب بھی جاتی ہوں میں

گنگناتی ہوں میں

پھول سے بچوں کو مسکرانا سکھاتی ہوں میں

ناتواں عورتوں کی بھی ہمت بندھاتی ہوں میں

اور بوڑھوں کی بے خواب راتوں میں جا کر انہیں

لوریاں بھی سناتی ہوں میں

جنگ کے بادلوں کو دباتی ہوں میں

خواب در خواب

ظلم کے قید خانوں میں جتنے مکیں ہیں انہیں

عدل کی گھنٹیاں بھی سناتی ہوں میں

الغرض جس طرف بھی میں جاتی ہوں اے ہمسفر

روشنی، زندگی، آگہی، آشتی کے ترانے ہی گاتی ہوں میں

میں نے جب یہ ہوا کی کہانی سنی

میری ہمت بندھی

حوصلہ بھی بڑھا

اپنا رختِ سفر باندھ کر

پھر ہوا کے میں ہمراہ اڑنے لگا

دسمبر ۱۹۸۶

ڈاکٹر خالد سہیل

# ایک عورت ہوں میں

## شہوت کا شہر

تنہائی کے تہہ خانے سے
ذات کے کندھوں پر وہ ہر شب
جسم کی اجلی لاشیں لے کر
قریہ قریہ گھوم رہی تھیں
میزوں پر وہ ناچ رہی تھیں


ہاتھوں میں کشکول اٹھائے
حسن کا وہ اک ڈھونگ رچائے
مردوں سے کچھ مانگ رہی تھیں


مردوں کی کمزوری لذت
لذت نے ہی آگے بڑھ کر
تعریفوں اور رحم کے ڈالر

ڈاکٹر خالد سہیل

ہمدردی کے کھوٹے سکے
کشکولوں میں ڈال دیے تھے

وقت کے نازک ہونٹوں پر جب
موسیقی کی تانیں ٹوٹیں
لاشوں کا پھر رقص رکا تھا
مرد گھروں کی جانب لپکے

اور پھر اپنی گھر والی کی
رات کو جب آغوش میں سوئے
اجلی اجلی لاشیں ساری
خاموشی سے خواب میں آئیں

اپریل ۱۹۸۷

## پھول بیچنے والی

ہاتھوں میں وہ پھول اٹھائے

آنکھوں میں کچھ دیپ جلائے

ہونٹوں پر مسکان سجائے

ماضی کی ہر شام بھلائے


شہر کے ہر اک چوراہے پر

خاموشی کے ساتھ کھڑی ہے

اگست ۱۹۸۷

ڈاکٹر خالد سہیل

## ہاؤس اریسٹ

صدیوں سے وہ قید ہیں گھر میں

ان کے جسموں کی ہر کونپل

محرومی کی ایک علامت

ان کے ذہنوں کی موسیقی

خاموشی سے محوِ ندامت

ان کی ہر اک رات سے پھوٹے

رفتہ رفتہ صبحِ بغاوت

صدیوں کی اس قید کا حاصل

گھر کے در کھل جائیں پھر بھی

گھر کو چھوڑتے شرماتی ہیں

گھر کے باہر تازہ ہوا میں

اڑنے سے وہ گھبراتی ہیں

دل کے اندیشوں سے خود بھی

جانے کیوں وہ ڈر جاتی ہیں

اکتوبر ۱۹۸۷

# اکیسویں منزل پہ رہنے والی

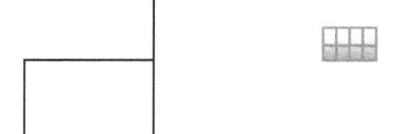

بلندی پہ نازاں تھی برسوں سے لیکن

سنا ہے وہ کل کود کر مر گئی ہے

فروری ۱۹۸۷

ڈاکٹر خالد سہیل

# میری کہانی

خواب در خواب

میں عورت ہوں دنیا والو
میں نے اپنی ذات کے قصے
صدیوں سے جو سینہ بسینہ
چلتے آئے دیکھ لیے ہیں
سچ پوچھو وہ سب جھوٹے ہیں
میری زیست کا ہر اک قصہ
مردوں کا مرہونِ منت
ان کے ذہنوں کی عکاسی
میرے لیے رسوائی ذلت
گھر کی قید میں رکھ کر مجھ کو
گلیوں میں بدنام کیا تھا
شہر کی ساری دیواروں پر
میری ننگی تصویروں سے
مجھ کو ہی نیلام کیا تھا
سب مردوں نے مل کر صدیوں
میری ایک کہانی لکھی

ایسی کہانی جس میں عورت
مردوں کا احساسِ لذت
کمزری کی ایک علامت
کل تک میں اک خواب تھی لیکن
آج ہوں میں اک زندہ حقیقت
گھر کی میں بنیاد تھی برسوں
میری فطرت حسن و صداقت
کاروبارِ زیست میں کب سے
مردوں کے اب شانہ بشانہ
کرتی ہوں دن رات میں محنت
صدیوں کی فرسودہ کہانی
میں نے مٹائی... اس کو مٹا کر
تازہ کہانی لکھنے لگی ہوں

دنیا والو اک دن تم بھی
تازہ کہانی دیکھنے آؤ
میری کہانی سننے آؤ

اکتوبر ۱۹۸۷

ڈاکٹر خالد سہیل

## ایک احساس

جن رشتوں پہ ناز تھا مجھ کو
ان رشتوں کی آگ میں برسوں
دھیرے دھیرے سلگی ہوں میں

ستمبر ۱۹۸۷

# دو قتل

ڈاکٹر خالد سہیل

کل تک میں مسرور بہت تھی

میری آنکھیں روشن تھیں اور

میری کوکھ میں میرا بچہ

چلتا پھرتا باتیں کرتا

اپنی ماں کا دل بہلاتا

میرے خوابوں کا شہزادہ

میری ذات کا حصہ تھا وہ

لیکن آج میں خاموشی سے

کالے کپڑے پہنے سہمی

اپنی ذات پہ ماتم کرتی

چپکے چپکے آنسو بہاتی

اپنی کوکھ میں اپنے بچے

کی چھوٹی سی لاش اٹھائے

زندہ ہوں پر قبر بنی ہوں

اس نے ٹھوکر مار کے کل شب

میرے خواب اور میرے بچے

دونوں کو ہی قتل کیا ہے

نومبر ۱۹۸۷

# ایک عورت ہوں میں

زندگی

تنگ و تاریک سی کوٹھڑی ہے

کہ جس میں کوئی در نہیں

کوئی کھڑکی نہیں

روشنی اور ہوا کا جہاں

کوئی رستہ نہیں

اور میں

ایک کونے میں کب سے پڑی

یاس کی ایک تصویر ہوں

کتنی دلگیر ہوں

پابہ زنجیر ہوں

ایسا پودا ہوں میں

جس کی سب ٹہنیاں

جس کی سب پتیاں

ایک قطرہ نمی کو ترستی رہیں

ایک چڑیا ہوں میں

جس کے پر کاٹ کر

اس کا مالک کہے

تو ابھی تک اڑی کیوں نہیں؟

فروری ۱۹۸۶

## بوڑھی آنکھیں

میری ماں کی بوڑھی آنکھیں

ان آنکھوں میں جب بھی جھانکا

خوابوں کے ویرانے دیکھے

ویرانے بھی ایسے جن میں

ہر اک حسرت خار بنی تھی

ہر اک خواہش سوکھی ٹہنی

برسوں کی معصوم امنگیں

پژمردہ مرجھائی کلیاں

امیدوں کے کنکر پتھر

بکھرے پڑے تھے


میری ماں کی بوڑھی آنکھیں

ان آنکھوں میں جب بھی جھانکا

ماضی کے آسیب ہی دیکھے

نسلوں کی بیکار کی محنت

مردوں کی دن رات کی محنت

میری ماں نے

سردی کی راتوں میں اکثر

ٹھنڈے پانی کے نلکے سے

کپڑے دھو کر ہاتھوں پر گٹے بھی ڈالے

گرمی کی اس دھوپ میں ہر دن

آگ جلا کر گھر والوں کی روٹی پکائی

اپنے چہرے کو جھلسایا

قربانی کی ریت نبھائی

لیکن اس قربانی کا حاصل

آہیں آنسو

حسرت کے گمنام جزیرے

ایسے جزیرے جن پہ تنہائی کا ڈیرہ بسیرا

ڈاکٹر خالد سہیل

## خواب ادھورا

بچوں سے اک اندھی محبت

میری ماں کی اندھی محبت

برسوں میرے پاؤں کی زنجیر بنی تھی

میں نے اس زنجیر کی خاطر

ہجرت کا اک زہر پیا تھا

ہجرت کا وہ زہر کہ جو اک

امرت بن کر شریانوں میں پھیل گیا تھا

میری ماں کی آنکھوں میں اب

محرومی کی دھول تو ہے پر

مایوسی کے خار نہیں ہیں

میری ماں نے زیست کے ہر اک چوراہے پر

ہمت کے کچھ پھول کھلائے

چاہت کے کچھ گیت سنائے

اس ہمت نے اس چاہت نے

دو کلیوں کا روپ سنوارا

ایک کلی ہے عنبر بیٹی

جس کی خوشبو

قریہ قریہ پھیل گئی ہے

ایک کلی ہے شاعر بیٹا

دنیا بھر کے انسانوں کو پیار کا تحفہ


میری ماں تم خوش قسمت ہو

تیری دونوں آنکھوں کے ان

خوابوں کے ویرانوں میں اب

خوشیوں کے دو پھول کھلے ہیں


۔۔۔۔ جولائی ۱۹۸۸

ڈاکٹر خالد سہیل

## بہت سے دوست بہت سے محبوب

خالد کتنے خوش قسمت ہو

ہر موسم کے پھول تمہارے آنگن میں ہیں

ہر ملت کے دوست تمہارے جیون میں ہیں

دوست ہوں یا محبوب تمہارے

آئیں تو وہ یادوں کی سوغات بھی لائیں

جاتے جاتے آنسو آہیں چھوڑ کے جائیں

رنگوں کی اور خوشبوؤں کی محفل تم ہو

سورج، بادل، بارش، طوفاں، ساحل تم ہو

لیکن کتنے لوگ ہیں ایسے

جن کے دل کا سونا آنگن

ہر موسم میں ایک ہی جیسا

نہ کوئی آئے نہ کوئی جائے

ہر خواہش خاموش ہوئی ہے

خوابوں کو بھی نیند آئی ہے

خالد تم تو خوش قسمت ہو

ہر موسم کے پھول تمہارے آنگن میں ہیں

فروری ۱۹۸۷

# التجا

میرے اندر ننھا سا اک چھوٹا بچہ
جانے کب سے یاد کا جھولا جھول رہا ہے
نیند سے بوجھل آنکھوں سے وہ تیرا چہرہ دیکھ رہا ہے
تم اس کو آغوش میں لے کر لوری دے دو
دھیرے دھیرے مجھ کو یقیں ہے
تیری گود میں سر رکھ کر وہ سو جائے گا
خواب میں اپنے کھو جائے گا

نومبر ۱۹۸۶

# تو

زمانے بھر سے لڑتے لڑتے جب کبھی

میں دل شکستہ دل گرفتہ غمزدہ سا ہو گیا

تو تو نے اپنی مسکراہٹوں کے بازوؤں میں پیار سے اٹھالیا

لطافتوں کی گود میں اٹھالیا

صباحتوں کی انگلیوں سے دل کو گدگدا دیا

زمانے بھر کی تلخیوں کے باوجود

زندگی کی لوریاں سنا سنا سلا دیا

جنوری ۱۹۸۶

ڈاکٹر خالد سہیل

## سایہ دار درخت

تیری قربت سے مجھے کتنا سکوں ملتا ہے
شام ڈھلتے ہی ترے پاس چلا آتا ہوں
زیست کی دھوپ میں جھلسا ہوں نجانے کب سے
میں ترے سائے میں کچھ دیر ٹھہر جاتا ہوں

اکتوبر ۱۹۸۶

## ایک عورت

اس کے جذبات بدلتے رہے موسم کی طرح
وہ کبھی خود ہی ہنسے خود ہی وہ رونا چاہے
کیسے کیسے وہ تضادات کا اظہار کرے
ساتھ سو کر بھی مرے ساتھ نہ سونا چاہے

۱۹۸۶

ڈاکٹر خالد سہیل

# لمس

مدتوں ہم سمجھتے رہے

ہم چٹانیں ہیں پتھر ہیں

سیسے کی دیوار ہیں

ہم زمانے سے دنیا سے

لڑنے کو تیار ہیں

اور پھر یوں ہوا

اک ترے لمس سے

بند کلیوں کے چہرے کھلے

دل جو پتھر کے تھے

برف کی سل بنے

اور پگھلنے لگے

نومبر ۱۹۸۵

## برف کا تودہ

تو مرے پہلو میں لیٹی ہے مگر
میں ہوں اک برف کا تودہ کہ جسے
گرمیِ حسن کا احساس نہیں
عشق کی کون سی یہ منزل ہے؟
دل بھی امشب میرا احساس نہیں

جنوری ۱۹۸۷

## میں اور تو

آغوش میں تیری میں ذرا دیر ٹھہرتا

انسانوں کے سیلاب میں تو خواب جزیرہ

تو سطحِ سمندر پہ ہے اک سیپ کی مانند

جو تجھ میں اتر جائے میں بارش کا وہ قطرہ

مارچ ۱۹۸۷

## میں ایک قطرہ مگر تو سمندروں کی طرح

میں تیری ذات میں شامل روایتوں کی طرح
تو میری آنکھ میں مہمان آنسوؤں کی طرح

ترا خیال کہ دنیا ہے تا ابد قائم
مری حیات زمانے میں خوشبوؤں کی طرح

ہے تیرا رنگ ازل سے ہی آسمان کا رنگ
مرا وجود فضاؤں میں بادلوں کی طرح

تری جبیں پہ نوشتہ رہی سکون کی نیند
مرا مزاج ہمیشہ سے رتجگوں کی طرح

ہماری سوچ کے انداز مختلف لیکن
میں ایک قطرہ مگر تو سمندروں کی طرح

مارچ ۱۹۸۸

ڈاکٹر خالد سہیل

## ایک حقیقت

رشتوں کی پر خار زمیں پر
عشق کے اکثر چلتے چلتے
پاؤں میں چھالے پڑ جاتے ہیں

۱۹۸۸

## برف زاروں میں رہنے والی

تیری قربت کی حدت سے
میرے من کی سب زنجیریں
اک اک کر کے موم ہوئی ہیں

اگست ۱۹۸۷

ڈاکٹر خالد سہیل

## ایک مسموم نظم

ہم محبت کے جنگل میں تنہا کھڑے

بے یقینی سے جب سے بغلگیر ہیں

اور خاموش ہیں

کون جانے کہ کیوں

قربتوں کی صراحی سے ہم

زہر کے جام بھر بھر کے اک دوسرے کو پلاتے رہے

اپنے سود و زیاں سے نگاہیں چراتے رہے

اور ان الفتوں کا یہ انجام ہے

زندگانی کو گلے سے لگائے ہوئے

خود کشی کا سہارا لیے

ہم محبت کے جنگل میں تنہا کھڑے

بے یقینی سے کب سے بغلگیر ہیں

اور خاموش ہیں

جنوری ۱۹۸۸

## وہ میری رات کے سب موسموں کی محرم تھی

وہ میرے خواب مرے رتجگوں کی محرم تھی
وہ میری رات کے سب موسموں کی محرم تھی
وہ مجھ سے دور بھی رہ کر مرے قریب رہی
وہ میری ذات کے سب زاویوں کی محرم تھی

مئی ۱۹۸۸

ڈاکٹر خالد سہیل

## ہم

ہم نے اک دوسرے کی آنکھوں میں

جب کبھی تخلیے میں جھانکا ہے

منزلوں کے خمار میں غلطاں

ان گنت رتجگوں کو دیکھا ہے

رتجگے، جن کے سرخ ڈوروں نے

آئنوں کا مزاج پایا ہے

اور ان آئنوں کے دامن میں

زندگی کا حسین سپنا ہے

چند یادیں ہیں شامِ ماضی کی

ایک پیغامِ صبحِ فردا ہے

جنوری ۱۹۸۶

## پیرس میں ایک ملاقات

تجھے معلوم ہے ہمدم مجھے پیرس سے الفت ہے

مجھے اس شہر کی رنگیں فضاؤں سے محبت ہے

یہ ایسا شہر ہے جانم!

جہاں ہر موڑ پر سڑکوں پہ فن پارے نظر آئیں

جہاں فنکار اپنی آگہی پر ناز فرمائیں

جہاں پر مونا لیزا ادھ کھلے ہونٹوں سے ہر دم مسکراتی ہے

جہاں دریا کی لہریں دیکھ کر اس زندگی کی بے ثباتی یاد آتی ہے

جہاں ہر رات موسیقی کی تانیں جسم گرما دیں

جہاں گرجوں کی دن بھر گھنٹیاں روحوں کو تڑپا دیں

ترا اس شہر میں آ کر مجھے ملنا قیامت ہے

ہماری زندگی میں چند راتوں کی رفاقت بھی غنیمت ہے

ترے ہمراہ میں ان چاندنی راتوں کے سائے میں خوشی کے گیت گاتا ہوں

تری قربت کی مدہوشی میں امیدوں کی بستی کے ترانے گنگناتا ہوں

ڈاکٹر خالد سہیل

تجھے آغوش میں لے لوں تو دنیا کے مسائل سے میں تھوڑی دیر کو بے غم سا ہو جاؤں

تری آنکھوں میں جھانکوں تو حسیں خوابوں کی وادی کی ذرا سی سیر کر آؤں

ترے ہونٹوں کو چھولوں تو مری سب رنجشیں سب تلخیاں خود ہی پگھل جائیں

ترے ہاتھوں کو تھاموں تو تھکے ہارے مرا لرزاں قدم خود ہی سنبھل جائیں

مری ہمدم!

مرے دل میں بڑی شوخی سے تونے گدگدی کی ہے

مری محروم دنیا کو دوبارہ آس بخشی ہے

اگر موقع ملے اکبار پھر تم جانِ من پیرس چلی آنا۔۔۔

دسمبر ۱۹۸۶

## انجان

بے خبری کے گھر میں برسوں

میں انجان رہا تھا اور تو

دروازے پر کب سے کھڑی تھی

۱۹۸۸

ڈاکٹر خالد سہیل

# غزل

میرے سینے پہ سر رکھ کر جانے کس کے دکھ روتی ہے
جانے کس کے سپنے دیکھے میرے ساتھ وہ جب سوتی ہے

میں ہر جائی، وہ ہر جائی، نہ کوئی وعدہ، نہ کوئی شکوہ،
پھر وہ اپنی باتیں چھپا کر، اتنی پریشاں کیوں ہوتی ہے

تنہائی کے شہر میں خالدؔ قربت کا ہر لمحہ غنیمت
مل کر جب ہم ہنستے ہیں تو تنہا تنہا کیوں روتی ہے

اکتوبر ۱۹۸۸

## صبا کا جھونکا

صبا کے جھونکوں نے
شاخِ گل کو نکھار بخشا
چمن کو رنگِ بہار بخشا
اداس کلیوں کو مسکرانے کی ہمتیں دیں
خزاں کے بے رنگ موسموں کو حکایتیں دیں
گلاب چہروں کو نکہتیں دیں
میں سوچتا ہوں
کہ میرے قلبِ فسردہ خاطر کے آنگنوں میں
ترا تبسم
صبا کا جھونکا
کہ جس نے میری جواں رتوں کو نکھار بخشا

مری نگاہوں کے گلستاں کو
حسین رنگِ بہار بخشا
صبا کے جھونکے
قریب آ
تیرے گیسوؤں کو
سنوار دوں میں

جنوری ۱۹۸۶

# اندھیری رات

اندھیری رات ہے اک مہرباں عورت
اندھیری رات سب کی ماں بھی ہے اور دوست بھی خالدؔ
اندھیری رات رحمت کی پیمبر ہے
محبت کا سمندر ہے
حسیں خوابوں کا پیکر ہے
اندھیری رات ایسی مہرباں عورت ہے جو سب کو
ازل سے کالی زلفوں میں چھپا کر لوریوں کے جال بنتی ہے
اندھیری رات ایسی ماں ہے جو دامانِ الفت میں
ہر اک بچے کے آنسو درد و غم کو راز رکھتی ہے
اندھیری رات ایسی دوست ہے جو ساتھیوں کی سب
خطاؤں کو گناہوں کو ہر اک انساں کی نظروں سے چھپاتی ہے
اندھیری رات ہے اک مہرباں عورت
اندھیری رات سب کی ماں بھی ہے اور دوست بھی خالدؔ
اندھیری رات رحمت کی پیمبر ہے
محبت کا سمندر ہے
حسیں خوابوں کا پیکر ہے

مئی ۱۹۸۸

## سنومین

شہر کے کھیلتے کودتے ننھے منے سے بچوں نے مل کر مجھے

برف کی اک پہاڑی سے کاٹا

تراشا

مرے ہاتھ پاؤں سجائے

مجھے برف کے چھوٹے چھوٹے سے گولوں سے مضبوط کر کے

بڑے پیار سے

ایک چوراہے پہ لا کر کھڑا کر دیا

مجھ سے کچھ دیر اٹھکیلیاں

دل لگی کا بہانہ بنیں

اور پھر

جانے کیوں

چند بچوں کے ابر و اٹھے

شور و غوغا ہوا

میرے سر میرے پاؤں مرے جسم کے

چند گولے بنے

اور گولوں کو بچوں نے معصوم ہاتھوں سے خود

ایک اک کر کے اڑتی ہوا کے حوالے کیا

جنوری ۱۹۸۸

# بادل

بہت آوارہ پھرتا ہوں

ہر اک رستے پہ چل پڑتا ہوں

اپنی منزلوں سے بے خبر رہتا ہوں

مجھ کو آسمانوں کا کوئی ہمراز مل جائے

تو اس کا ہم سفر بن کر

جہاں کی سیر کرتا ہوں

بہت بدنام ہوں

ہر سو مرا ہر جائی پن مشہور ہے لیکن

جہاں رکتا ہوں کتنے دھوپ کے مارے مرے سائے میں آتے ہیں

کبھی ہنس دوں تو بارش سے بہت سی کھیتیاں سیراب ہوتی ہیں

کبھی مہتاب خود آغوش میں آئے تو تارے رشک سے آنکھیں جھپکتے ہیں

بہت آوارہ ہوں لیکن

مری آزادیاں مجھ کو بہت محبوب رہتی ہیں

جنوری ۱۹۸۸

ڈاکٹر خالد سہیل

## جنگلی پھول

کسی کے کوٹ کے کالر میں
بالوں میں
نہ گلدانوں میں سجتا ہوں
کسی کے باغ میں
دفتر کی میزوں پر
نہ تہواروں میں کھلتا ہوں
نہ میری مسکراہٹ ہی سرِ بازار بکتی ہے
نہ میری کاغذی پھولوں سے ہر دم کی رقابت ہے
مری ہر مسکراہٹ میری آزادی کا مظہر ہے
مرا ماحول فطرت کے تبسم سے معطر ہے
میں انساں کی منافق زندگی سے دور رہتا ہوں
میں جنگل میں مہکتا ہوں
میں جنگل میں ہوں مرجھاتا
میں جنگل کا ہوں شہزادہ

جنوری ۱۹۸۸

## عرفان

ماضی کی تاریک گلی سے
حال کے جنگل
مستقبل کے ویرانوں سے
گھبرا کر ہم
لمحہ لمحہ ٹوٹ رہے ہیں
سوچ رہے ہیں
وہ لمحے کب آئیں گے جب
ماضی کی تاریک گلی میں جگنو چمکیں
حال کے جنگل میں کچھ روشن رستے ابھریں
مستقبل کے ویرانوں میں پھول کھلیں
اور لمحہ لمحہ
ٹوٹنے والی شخصیت کو
ماضی، مستقبل اور حال کا کچھ امکان ملے
عرفان ملے

مئی ۱۹۸۶

ڈاکٹر خالد سہیل

## زخمی پرندہ

میرے خوابوں کی کرچیاں بکھریں
روح میری لہولہان ہوئی
میں تو اٹھ اٹھ کے گرتار ہتا ہوں
کتنی مشکل مری اڑان ہوئی

اکتوبر ۱۹۸۵

## ہم کبوتر ہیں

بہار کب کی جا چکی

خزاں کا دور آ گیا

محبتوں میں رنجشوں کا اک دھواں سا چھا گیا

نہ قرب میں سکون ہے نہ ہجر میں قرار ہے

فضا بھی سوگوار ہے

مگر یہ المیہ رہا

حقیقتوں کے شہر میں سبھی نے خود فریبیوں کی تنگ گلیاں ڈھونڈ لیں

کبوتروں کے مثل مشکلوں میں زندگی سے آنکھیں موند لیں

نجانے کیسے معجزوں کا ہم کو انتظار ہے

ہمارے شہر کی ہر ایک آنکھ بے قرار ہے

دلوں میں اک غبار ہے

فضا بھی سوگوار ہے

مئی ۱۹۸۶

## ٹوٹا ہوا آدمی

وہ زندگی کی حرارتوں سے

وہ اپنے گھر کی بشارتوں سے

وہ دوستوں کی رفاقتوں سے

وہ اپنی جاں کی صداقتوں سے


نجانے کب سے بچھڑ گیا ہے

وہ ٹوٹ کر اب بکھر گیا ہے


دسمبر ۱۹۸۶

# کرسمس ڈنر

اک حسیں شام تھی کرسمس کی
شہر میں ہر طرف چراغاں تھا
رنگ و نکہت کی ایک بارش تھی
ایسی رنگینیوں کے جھرمٹ میں
چند افراد اک گھرانے کے
کچھ تحائف کے ساتھ میز کے گرد
منتظر تھے کسی کی آمد کے

اور پھر خانداں کا بوڑھا شخص
لڑکھڑاتے ہوئے سہارے سے
اپنے بچوں کے پاس آپہنچا
اس نے لیکن عجب حقارت سے
سب تحائف کو روند ڈالا تھا

سرخیِ مے سے جلتی آنکھوں سے
چند آنسو امڈ کے آئے تھے
اس نے پھر لڑکھڑاتے لفظوں سے
دل میں جو بات تھی وہ کہہ ڈالی

میرے بچو! مرے جگر گوشو
سال بھر مجھ سے دور رہتے ہو
پھر کرسمس پہ تحفے دیتے ہو
جانے کن بستیوں کے باسی ہو
کیسی خوش فہمیوں میں زندہ ہو
میرا جس شہر میں بسیرا ہے
اس میں تنہائیوں کا ڈیرا ہے
ہر نفس پر یہ ہو رہا ہے گماں
خانداں کب کے مر چکے ہیں یہاں
خاندانوں کے پھر بھی ماتم کا

کس قدر اہتمام ہوتا ہے
ان کی مرقد پہ اب چراغاں بھی
سال میں ایک شام ہوتا ہے
یہ وہی شام ہے کرسمس کی
میں کہ اس شام کی اذیت کو
گھول کر پی گیا شرابوں میں
تم خدا کے لیے نہ آیا کرو
میری بیکل اداس شاموں میں

دسمبر ۱۹۸۵

## شکستگی

خوابوں نے احساس دلایا

دیمک نے من چاٹ لیے ہیں

رشتے ناطے جوڑیں کیسے

اندر سے ہم ٹوٹ رہے ہیں

جون ۱۹۸۵

## خود فریبی

دروازے کی دستک سن کر
تنہائی کی آنکھوں میں کچھ
امیدوں کے پھول کھلے ہیں

اگست ۱۹۸۸

ڈاکٹر خالد سہیل

## سٹل برتھز

کتنے خواب
اور کتنے جذبے
دل کی کوکھ میں ڈر جاتے ہیں
کتنے بچے
پیدا ہونے سے پہلے ہی مر جاتے ہیں

ستمبر ۱۹۸۷

## ڈر

باہر کے اس شور میں خالدؔ
ہم کو ڈر ہے
اندر کی موسیقی اک دن
دب جائے گی

اگست ۱۹۸۷

ڈاکٹر خالد سہیل

## دو دھاری تلوار

دروازوں کی چوکھٹ پر ہم

لاچاری کی مورت بن کر

سر تھامے چپ چاپ کھڑے ہیں

گھر کے اندر تنہائی سے

گھر کے باہر ہمسایوں سے

برسوں سے بیزار ہوئے ہیں

اگست ۱۹۸۷

# شاعر

ڈاکٹر خالد سہیل

خاموشی اک گہرا سمندر
جس کی تہہ میں
ہیرے موتی حرف و معانی
بکھرے پڑے ہیں
لاکھوں غوطہ زن ایسے ہیں
جن کی محنت جن کی مشقت
بے معنی اور لاحاصل ہے
گہرائی تک ان کی رسائی
ناممکن ہے
لیکن بعض مسافر اتنے

خوش قسمت ہیں
خاموشی کی تہہ سے جب وہ
لوٹیں تو کچھ لے کے آئیں
اپنی جھولی بھر کر لائیں

اور پھر ان کے حرف و معانی کے سب تحفے
شعروں میں کچھ ڈھلتے جائیں
روح پہ جادو کرتے جائیں

اگست ۱۹۸۷

## نرگسیت

کمروں اور دیواروں پر

صحنوں اور دروازوں پر

ہوٹلوں اور دوکانوں پر

گلیوں اور چوراہوں پر


آئینے ہر سمت سجے ہیں

نرگس کے ہم پھول بنے ہیں


اگست ۱۹۸۷

## ایک بوڑھا شاعر

میں زندگی کی مشقت سے ہوں تھکا ہارا

مرا سراپا دھڑکتا ہے آبلے کی طرح

نجانے کتنے ہی دکھ درد و سو سے کتنے

گزر رہے ہیں مرے دل سے قافلے کی طرح

مارچ ۱۹۸۷

# میرا گھر

ڈاکٹر خالد سہیل

برسوں بعد میں گھر لوٹا ہوں

اور اب گھر سے باہر آکر

دل ہی دل میں سوچ رہا ہوں

میرے گھر کے دروازے پر

کس کے نام کی تختی ہے یہ

آخر اس کا اک اک کمرہ

تنہائی کا مسکن کیوں ہے

بوسیدہ کھڑکی کا ہر پٹ

خوف سے کب سے بند پڑا

ہے

دیواروں کے آئینوں سے

ماضی کا ہر نقش مٹا ہے

میرے گھر کے صحن کے اندر

اور کسی کے سندر بچے

آنکھ مچولی کھیل رہے ہیں

برسوں بعد میں گھر لوٹا ہوں

اور اب گھر سے باہر آکر

دل سے اپنے پوچھ رہا ہوں

میرا گھر۔۔۔ کیا میرا گھر ہے؟

۱۹۸۷

## جذبے

ہم جذبوں کے شیدائی ہیں

ہم جذبوں کا آئینہ ہیں

اک جذبے میں برف کی ٹھنڈک

اک بوڑھے کی ڈھلتی جوانی

اک جذبے میں پیار کی حدت

اک عورت کے ہونٹ کا بوسہ

اک جذبے میں درد کی کروٹ

ہم جذبوں کے سودائی ہیں

ہم جذبوں کا ماحاصل ہیں

نومبر ۱۹۸۸

# تنہائی

تنہائی کے کرب میں خالدؔ
مجھ کو اکثر یوں لگتا ہے
اس دنیا کے ہر انساں نے
تنہائی کا زہر پیا ہے

تنہائی کا زہر کہ جس سے
جسم کی دیواروں کے پیچھے
روح کے نازک آئینوں میں
موت کے سائے لہراتے ہیں

تنہائی کی چیخیں سن کر
جھوٹی باتیں جھوٹی قسمیں
جھوٹے پیار اور جھوٹے سپنے
دل بہلانے آ جاتے ہیں

میں نے اپنی تنہائی میں

جب سے خالدؔ قطرہ قطرہ
صبر کے آنسو شکر کی شبنم
دھیرے دھیرے گھول لیے ہیں

اس دن سے میں لمحہ لمحہ
حیرانی سے دیکھ رہا ہوں
زیست کی اپنی شریانوں میں
زہر بھی امرت بن جاتا ہے

جولائی ۱۹۸۸

ڈاکٹر خالد سہیل

## لوٹ کے پھر وہ کب آتے ہیں

تنہائی کا کمبل اوڑھے سہمے سہمے سو جاتے ہیں
گھر والوں کے سپنوں میں ہم رفتہ رفتہ کھو جاتے ہیں
جھوٹے خط اور جھوٹی باتیں جھوٹے فون اور جھوٹی قسمیں
لوٹ کے پھر وہ کب آتے ہیں شہر سے اپنے جو جاتے ہیں

اگست ۱۹۸۷

# وہ کبھی لوٹ کر نہ آئے گا

ڈاکٹر خالد سہیل

(۲۹۰)

زیست کی ساری شاہراہوں میں
ایک ہی سمت ایک ہی رخ ہے
منزلوں کی تلاش میں ہر روز
جو مسافر گھروں سے چلتے ہیں
تیر ہیں جو کماں سے چلتے ہیں
اور پھر لوٹ کر نہیں آتے

اے مرے دوست میرے گاؤں میں
جب بھی جانا تو میرے گھر جا کر
میرے ماں باپ سے بھی ملنا تم
اور پھر سارے رشتہ داروں کو
پیار و الفت سے دھیمے لہجے میں
میرے بارے میں یہ بتا آنا
اک مسافر جو گھر سے نکلا تھا
منزلوں کے قریب پہنچا ہے
اس کے تیور ہمیں بتاتے ہیں
اپنی منزل پہ جا کے دم لے گا
وہ کبھی لوٹ کر نہ آئے گا

اور پھر یہ بھی اک حقیقت ہے
اس قدر دور جا چکا ہے وہ
آنا چاہے بھی اب تو آ نہ سکے

مئی ۱۹۸۶

(کینیڈین موسیقار برٹن کمنگز کے ایک گیت سے متاثر ہو کر)

خواب در خواب

# امکان

ڈاکٹر خالد سہیل

## شہرِ تحیر

چاروں طرف اک ہو کا عالم
خاموشی اور شام کا منظر
پراسرار سی کیفیت تھی
دل کی دھڑکن
گھوڑوں کی اک ٹاپ بنی تھی
رفتہ رفتہ
زیست کے گہرے تہہ خانے
میں
زینہ زینہ دور تلک ہم
سایوں کے ہمراہ چلے تھے
ہاتھوں پر کچھ رعشہ طاری
ماتھے پر بھی کچھ قطرے تھے
تاریکی کی تہہ خانے میں
نہ کوئی کھڑکی نہ کوئی در تھا
چہروں کی پہچان تھی مشکل
کون؟ کہاں؟ اور کیوں؟ کی باتیں
ورد بنی تھیں
مچھلی کا تاریک شکم یا غارِ حرا تھا
فردا اور دیروز کے قصے
ان لمحوں میں جذب ہوئے تھے
خاموشی کی کوکھ سے لیکن
آوازوں کی کرنیں ابھریں
کیف کی سندر لہریں ابھریں
شہرِ تحیر کے ہونٹوں پر
صدیوں کی پرسوز دعا
مسکان بنی تھی
ہر لمحہ امکان بنی تھی

اپریل ۱۹۸۷

## میں کون ہوں ؟

میں انساں ہوں

میں شیطاں ہوں

میں یزداں ہوں

نجانے کب سے حیراں ہوں

نجانے کیوں پریشاں ہوں

مرا دل مجھ سے کہتا ہے

میں قلزم ہوں، میں بادل ہوں، میں بارش ہوں

میں کشتی ہوں، میں طوفاں ہوں، میں ساحل ہوں

میں اک کافر کا ایماں ہوں

میں افکارِ پریشاں ہوں

میں اپنی ذات کی رعنائیوں میں ڈوبا رہتا ہوں

خیال و خواب کی رنگینیوں میں کھویا رہتا ہوں

کبھی دن رات میں تنہائیوں کے کرب سہتا ہوں

ڈاکٹر خالد سہیل

کبھی میں دوستی کے آئینوں میں مسکراتا ہوں

کبھی مایوس ہو کر خودکشی کے پاس آجاؤں

کبھی مبہم سی میں امید سے بے حال ہو جاؤں

کبھی غیروں کو اپنا لوں

کبھی اپنوں کو ٹھکرا دوں

میں پاگل ہوں

میں دانا ہوں

میں شاعر ہوں

میں قاتل ہوں

میں انساں ہوں

میں افکارِ پریشاں ہوں

میں اپنی زندگی کا آپ خالق ہوں

جہانِ آب و گل کا خود ہی مالک ہوں

میں اپنی زندگی پہ ناز کرتا ہوں

بگڑتا ہوں مگر خود ہی سنورتا ہوں

خواب در خواب

مجھے معلوم ہے انسانیت کا میں خود ہی رہبر ہوں

روایت کا محافظ اور فردا کا مصور ہوں

مری تخلیق میرے واسطے سرِ نہاں اب تک

ازل سے زندگی سے پیار کرتا ہوں

مگر میں خود ہی اس پر وار کرتا ہوں

میں اپنے بھائیوں کا قتل کرتا ہوں

میں اپنے دشمنوں پہ جان دیتا ہوں

میں پاگل ہوں

میں ساحل ہوں

میں طوفاں ہوں

میں افکارِ پریشاں ہوں

کبھی میں الفتوں پہ ناز کرتا ہوں

کبھی میں نفرتوں پہ خود ہی مرتا ہوں

کبھی ہابیل بن جاؤں

کبھی قابیل بن جاؤں

کبھی جبریل بن جاؤں

کبھی آدم کبھی حوا کبھی ابلیس بن جاؤں

کبھی میں خیر و شر کے مسئلوں میں خود ہی ڈھل جاؤں

کبھی فطرت کو چھو لوں میں

کبھی پھولوں کو چوموں میں

کبھی پودے لگاؤں میں

کبھی باغوں کو کاٹوں میں

کبھی میں اپنے گھر میں راستہ کھوؤں

کبھی میں جنگلوں میں منزلیں پاؤں

کبھی میں چاندنی راتوں میں دل کے داغ دھو ڈالوں

کبھی میں کالی راتوں میں گناہوں کی سزا پاؤں

محبت کی جزا پاؤں

میں اپنے آپ کو ڈھونڈوں تو ہر رستے میں کھو جاؤں

میں اپنے آپ کو بھولوں تو دل سے یہ صدا پاؤں

کبھی میں اپنا قاتل ہوں

خواب در خواب

کبھی میں اپنا رہبر ہوں

کبھی میں راہ کا پتھر کبھی میں اک پیمبر ہوں

مسافر ہوں

ازل سے میں سفریں ہوں

ابد تک میں سفر میں ہوں

میں شیطاں ہوں

مین یزداں ہوں

میں انساں ہوں

بظاہر کچھ نہیں درپردہ سب کچھ ہوں

(298)

خواب در خواب

خواب نگر
خالد سہیل

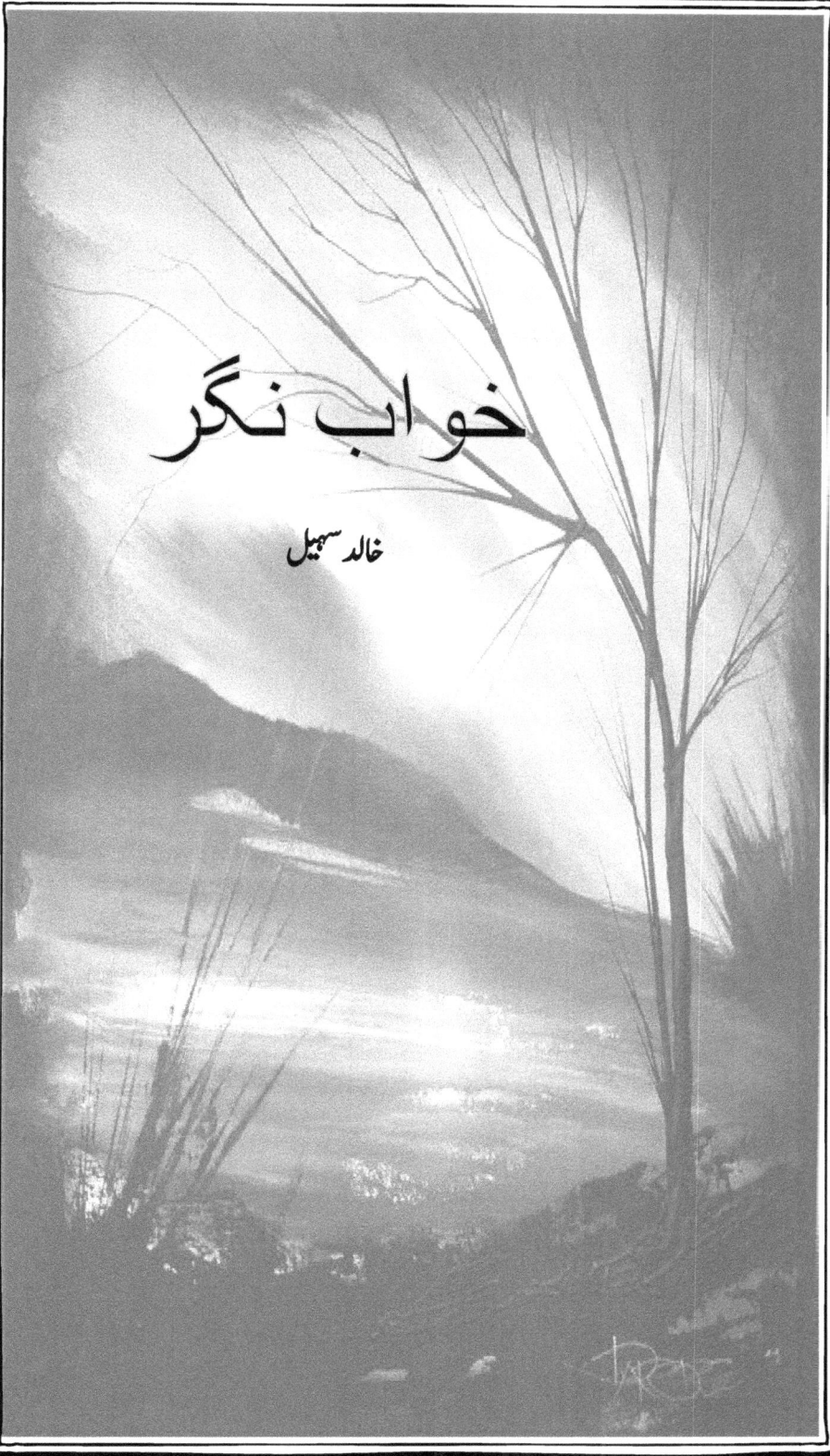

خواب در خواب

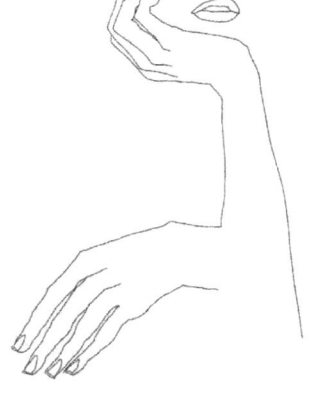

خواب در خواب

کتنے نغمے سو رہے ہیں خامشی کی کوکھ میں

ڈاکٹر خالد سہیل

| | | | |
|---|---|---|---|
| 332 | قطعات | 303 | غزلیں |
| 344 | پابند نظمیں | 340 | فردیات |
| 361 | نثری نظمیں | 349 | آزاد نظمیں |

# غزلیں

ڈاکٹر خالد سہیل

## ا۔ غزل

سمندر میں ہوں لیکن تشنگی محسوس کرتا ہوں
میں اپنی زندگی میں کچھ کمی محسوس کرتا ہوں

کٹھن ہیں زیست کی راہیں پہ جب وہ ساتھ ہوتی ہے
تو پھر میں حبس میں بھی تازگی محسوس کرتا ہوں

میں اپنی ذات کی گہرائیوں میں جب اترتا ہوں
اندھیروں کے سفر میں روشنی محسوس کرتا ہوں

کبھی ہر عارضی کو دائمی میں سمجھا کرتا تھا
اور اب ہر دائمی کو عارضی محسوس کرتا ہوں

وہ کب کی جا چکی خالد مگر میں اس کے بارے میں
کبھی سوچوں تو آنکھوں میں نمی محسوس کرتا ہوں

اگست ۱۹۹۶

# ۲۔ غزل

وہ اپنے خواب میں ڈوبا ہوا خاموش رہتا ہے
وہ اپنے آپ کو ہی ڈھونڈتا خاموش رہتا ہے

وہ دریا بن کے بہتا تھا تو کتنا شور کرتا تھا
سمندر میں وہ جب سے آملا خاموش رہتا ہے

نجانے کتنے چہرے روز پڑھتا ہے مگر پھر بھی
بنا حیرت کا وہ اک آئینہ خاموش رہتا ہے

ہر اک محفل میں سن کر تہمتیں وہ بے وفائی کی
عجب انداز کا ہے باوفا خاموش رہتا ہے

ہزارون قافلوں کے راز اس کے دل میں پوشیدہ
مگر خالد کہ مثلِ نقشِ پا خاموش رہتا ہے

اگست ۱۹۹۶

# ۳۔ غزل

وہ منفرد سا جو رستہ دکھائی دیتا ہے
سہیلؔ اس پہ ہی چلتا دکھائی دیتا ہے

کسی کے چہرے کو جب بھی قریب سے دیکھا
اک اور چہرے میں ڈھلتا دکھائی دیتا ہے

کسے خبر کہ وہ کس لمحہ ٹوٹ جائے گا
وہ ایک رشتہ جو پختہ دکھائی دیتا ہے

وہ اپنی ذات میں اک انجمن رہا خالدؔ
جو سارے شہر میں تنہا دکھائی دیتا ہے

ستمبر ۱۹۹۵

## ۴۔ غزل

مرے تعلقات کا عجب رہا یہ سلسلہ
ہر ایک عشق یوں لگا ادھورا کوئی خواب تھا

کوئی بھی میرے پیار کی نہ شدتوں کو سہہ سکا
میں جس کو پوجتا رہا اسی کو توڑتا رہا

چمن میں میرے ساتھیوں نے گھونسلے بنا لیے
میں خواہشوں کی تتلیوں کے پیچھے بھاگتا رہا

سبھی نے اپنے ہمسفر یہاں تلاش کر لیے
میں بے چراغ راستوں پہ خود کو بھی نہ پا سکا

روایتوں کی شاہراہ چھوڑ کر سہیلؔ میں
نجانے خواب راستوں پہ کب سے ہوں چلا ہوا

مئی ۱۹۹۷

ڈاکٹر خالد سہیل

## ۵۔ غزل

اپنی ریاضتوں کی سزا بھی جزا بھی ہوں
اس کی نوازشوں کا میں اک آئنہ بھی ہوں

صحرا کو اس کے ہجر کے جب پار کر سکوں
بارش میں اس کے وصل کے پھر نا چتا بھی ہوں

اندر کے موسموں کی اسے کچھ خبر نہیں
آندھی کے ساتھ ساتھ میں بادِ صبا بھی ہوں

آئی ہوئی ہے دل میں خزاں بھی بہار بھی
ٹھکرا رہا ہوں اس کو جسے چاہتا بھی ہوں

لفظوں کے ساحلوں پہ ہے کھویا جنہیں سہیل
چپ کے سمندروں میں انہیں ڈھونڈتا بھی ہوں

مئی ۱۹۹۷

خواب در خواب

## ۶۔ غزل

سہیل کس کا رازداں بن سکیں سہیلیاں
سہیل کس کو راس آئیں جگ میں بے وفائیاں

سہیل تیری ذات کی عجب ہیں بے نیازیاں
بسا کے خود اجاڑ دیں دلوں کی کتنی بستیاں

سہیل تیرے وصل کے ہی خواب دیکھ دیکھ کر
نجانے کتنی مہ وشوں کی ڈھل گئی جوانیاں

سہیل تیرے عشق کے سمندروں میں آج تک
اتر چکی ہیں جس قدر وہ کاغذی تھیں کشتیاں

سہیل جن دلوں سے تو گزر کے کب کا جا چکا
بسی ہوئی ہیں آج بھی وہاں پہ کچھ پہیلیاں

جون ۱۹۹۷

ڈاکٹر خالد سہیل

## ۷۔ غزل

اسے ملا ہوں تو احساس یہ ہوا خالدؔ
مرا سفینہ کنارے پہ آ لگا خالدؔ

گلے وہ ملتا ہے لیکن اک اجنبی کی طرح
وہ قربتوں میں بھی رکھتا ہے فاصلہ خالدؔ

تمام شہر کو بانٹوں میں نیند کے نسخے
مرے نصیب میں لیکن ہے رتجگا خالدؔ

برا تو ہے مگر اس قدر برا بھی نہیں
وہ بے وفاؤں میں سب سے ہے باوفا خالدؔ

یہ آئنے کی کرامت کہ روبرو لایا
تمام عمر جسے ڈھونڈتا رہا خالدؔ

جنوری ۱۹۹۸

## ۸۔ غزل

سمندروں کے سفر سے وہ ڈر گیا ہو گا
کسی جزیرے پہ شاید اتر گیا ہو گا

نگر نگر کے سفر سے وہ آج لوٹا ہے
بہت تھکا ہوا ہو گا وہ گھر گیا ہو گا

تمام عمر جو اک آہنی چٹان رہا
کسی کی بانہوں میں گھر کر بکھر گیا ہو گا

نصیب ہو گا کسی بے نوا مسافر کا
بگڑ بگڑ کے جو آخر سنور گیا ہو گا

چلو سہیل سفر پر نئے روانہ ہوں
چڑھا ہوا تھا جو دریا اتر گیا ہو گا

ستمبر ۱۹۹۶

ڈاکٹر خالد سہیل

## ۹۔ غزل

بچا نہیں کوئی باقی اثر دعاؤں میں
عجیب خوف ہے پھیلا ہوا فضاؤں میں

جو کٹ گئے ہیں زمانے میں اپنی دھرتی سے
کسے خبر کہ وہ رہتے ہیں کن خلاؤں میں

اب اپنی ذات کا مرکز ملے تو کیسے ملے
تمام عمر ہی گزری ہے انتہاؤں میں

یہ کن بزرگوں سے پائی ہے ہم نے ورثے میں
کھنک رہی ہے جو زنجیر اپنے پاؤں میں

یہ کن گناہوں کی ہم کو ملی سزا خالدؔ
گھرے ہوئے ہیں جو ہم ان گنت خداؤں میں

اکتوبر ۱۹۹۶

## ۱۰۔ غزل

تنہائیوں میں ڈوب کر رشتے تلاش کر
تو بھی سمندروں میں جزیرے تلاش کر

دیوار و در پہ جن کے سجے آئنے بھی ہوں
اپنی حویلیوں میں وہ کمرے تلاش کر

جن میں پھر اپنی ذات سے کچھ گفتگو بھی ہو
شہروں کی ہاؤ ہو میں وہ لمحے تلاش کر

جن سے تمہاری روح کی کچھ تشنگی مٹے
خوابوں کی وادیوں میں وہ چشمے تلاش کر

خالد سہیل جب سے سمندر میں آ ملا
کوئی نہیں یہ کہتا کنارے تلاش کر

اکتوبر ۱۹۹۶

## ۱۱۔ غزل

تو آشنا ہے مگر پاس آتے ڈرتا ہے
وہ اجنبی ہے مگر ساتھ ساتھ چلتا ہے

عجیب شخص ہے سورج مزاج پایا ہے
دلوں میں ڈوب کے خوابوں میں وہ ابھرتا ہے

وہ اس مقام پہ ہے خود اسے نہیں معلوم
ہر ایک موڑ پہ کیوں راستے بدلتا ہے

ابھر کے آتا ہے جو بھی تمہاری آنکھوں میں
ہر اک سوال مری روح میں اترتا ہے

اسے خبر ہی نہیں وہ ہے خواب شہزادی
تمام رات کوئی کروٹیں بدلتا ہے

ہر ایک رشتہ مرا ایسے لڑ کھڑا جائے
کسی سے پھر وہ سنبھالے نہیں سنبھلتا ہے

چھپا ہوا میرے اندر وہ کون ہے خالد
مرے بگڑنے سے کچھ اور جو سنورتا ہے

مئی ۱۹۹۷

## ۱۲۔ غزل

ہماری ذات کے جب در کھلے ہیں
کبھی اندر کبھی باہر کھلے ہیں

ہمارے گھر میں وہ اپنائیت ہے
یہاں آ کر کئی بے گھر کھلے ہیں

خزاؤں میں جو ڈوبے ہیں تو ہم پر
بہاروں کے حسیں منظر کھلے ہیں

بہت سی منزلیں پھر منتظر ہیں
ہماری سوچ کے پھر پر کھلے ہیں

بظاہر جو بہت ہی کم سخن تھے
کتابوں میں مگر جوہر کھلے ہیں

ڈاکٹر خالد سہیل

جو بالوں میں سفیدی آگئی ہے
تو پھر خالدؔ کہیں خود پر کھلے ہیں

جنوری ۱۹۹۴

## ۱۳۔ غزل

ٹوٹتے جا رہے ہیں اندر سے
ہٹ گئے ہیں جو اپنے محور سے

کتنے رشتے یہاں جو قائم ہیں
یا کسی خوف یا کسی ڈر سے

کھل گئے ہیں جو چور دروازے
اپنے گھر میں ہوئے ہیں بے گھر سے

کاٹی شہ رگ خود اپنے ہاتھوں سے
پھر بھی شکوہ کریں مقدر سے

ہم بظاہر تو ایک ہیں خالدؔ
ٹکڑے ٹکڑے ہوئے ہیں اندر سے

جون ۱۹۹۴

ڈاکٹر خالد سہیل

## ۱۴۔ غزل

سفر میں خود ہی حائل ہو گیا ہوں
میں اپنا راستہ روکے کھڑا ہوں

مرا گھر دور ہوتا جا رہا ہے
میں پیچھے کی طرف چلتا رہا ہوں

اسے پھر توڑتا ہوں خود ہی اک دن
جسے میں ایک مدت پوجتا ہوں

پرانی شاہراہوں سے نکل کر
نئے شہروں کو جاتا راستہ ہوں

مری منزل مرے اندر ہو شاید
جسے خالدؔ میں باہر ڈھونڈتا ہوں

اکتوبر ۱۹۹۴

## ۱۵۔ غزل

نگری نگری گھوما ہوں

بادل کا اک ٹکڑا ہوں

گلیوں میں بازاروں میں

خوشبو بن کر بکھرا ہوں

کھیتوں کی سیرابی میں

آنے والا دریا ہوں

آوازوں کی بستی میں

خاموشی کا نغمہ ہوں

جھوٹ کے دل میں صدیوں سے

چبھنے والا کانٹا ہوں

منزل میری دور اور میں

پگڈنڈی پر تنہا ہوں

جولائی ۱۹۹۷

# ۱۶۔ غزل

میری منزل میرا رستہ میرے اندر میرے باہر
میرا ساحل میرا دریا میرے اندر میرے باہر

میری صبحیں میری شامیں میرے چاند اور میرے سورج
میری قسمت کا ہر تارا میرے اندر میرے باہر

میرے رہزن میرے رہبر میرے دوست اور میرے دشمن
میرے رستے کا ہر کانٹا میرے اندر میرے باہر

میری عزت میری ذلت میری چاہت میری نفرت
میری رفعت کا ہر لمحہ میرے اندر میرے باہر

میرا ماضی میرا فردا میری خوشبو میرا نغمہ
خالدؔ میرا ہر اک سپنا میرے اندر میرے باہر

دسمبر ۱۹۹۶

## ۱۷۔ غزل

جھوٹی قسمیں ارزاں وعدے دہرانے کا فائدہ کیا

بھولے بسرے سارے قصے دہرانے کا فائدہ کیا

نیندوں کے اک شیش محل میں اپنی صدیاں بیتی ہیں

ان صدیوں کے سندر سپنے دہرانے کا فائدہ کیا

جن قصوں میں سچ ہو عنقا، جن نغموں میں سوز نہ ہو

ایسے قصے ایسے نغمے دہرانے کا فائدہ کیا

الفت کے کچھ پھول کھلائیں، چاہت کے کچھ گیت سنائیں

نسلوں کے بیکار کے نوحے دہرانے کا فائدہ کیا

جس دریا میں خالد اتریں، اس دریا کو پار کریں

ساحل ساحل خواب ادھورے دہرانے کا فائدہ کیا

جنوری ۱۹۹۸

ڈاکٹر خالد سہیل

# ۱۸۔ غزل

نرگسیت کی انتہا ہوں میں
آئنہ روز دیکھتا ہوں میں

گاہے گاہے میں ڈر سا جاتا ہوں
اپنے اندر جو جھانکتا ہوں میں

جس کہانی کی انتہا تو ہے
اس کہانی کی ابتدا ہوں میں

جب سے تو بھی نہیں ہے جیون میں
کتنا سنسان ہو گیا ہوں میں

خواب دیکھے ہوئے زمانہ ہوا
کتنی نسلوں کا رتجگا ہوں میں

خود میں کھویا ہوا ہی پاتا ہوں
جب بھی خالد کو ڈھونڈتا ہوں میں

ستمبر ۱۹۹۷

# ۱۹۔ غزل

جھوٹ کا سورج یوں چمکا ہے

ہر سچائی نابینا ہے۔!

کزب وریا کی تیز ہوا میں

سچ کا پاؤں اکھڑا ہوا ہے

ظلم کی ایسی بجلی کڑکی

عدل کھڑا اب ہانپ رہا ہے

حرص کی اتنی بارش برسی

صبر کا دامن بھیگ گیا ہے

خالد یاس کے طوفانوں

میں

امیدوں کا ایک دیا ہے

جون ۱۹۹۱

## ۲۰۔ غزل

آنکھوں میں اک خوف کا سایہ، گھر لوٹا تو میں نے دیکھا
ہر اک چہرہ سہما ہوا سا، گھر لوٹا تو میں نے دیکھا

شاخوں پر نہ پھول نہ پھل تھا، اور جڑوں میں زہر گھلا تھا
صحن میں اب کے کیسا شجر تھا، گھر لوٹا تو میں نے دیکھا

خوابوں پر اک دھول جمی تھی، ہر دوشیزہ کوکھ جلی تھی
ہر گھر میں آسیب کا سایہ، گھر لوٹا تو میں نے دیکھا

صبح جو مزدوری کو نکلیں، شام کو شاید ہی گھر لوٹیں
ماؤں کو دن بھر اس کا دھڑکا، گھر لوٹا تو میں نے دیکھا

محرومی اور مجبوری کے زخم وہاں ناسور بنے تھے
بستی کا بیمار مسیحا، گھر لوٹا تو میں نے دیکھا

جنوری ۱۹۹۵

## ۲۱۔ غزل

لگی ہے کس کی اس کو بد دعا معلوم ہے سب کو

ہے کیوں بھٹکا ہوا یہ قافلہ معلوم ہے سب کو

عدالت میں بظاہر حاضری تو سب کو دینی ہے

کسے اب کے ملے گی یاں سزا معلوم ہے سب کو

بھلا اخبار میں اب سرخیوں کی کیا ضرورت ہے

دیا ہے کسی نے کس کا خوں بہا معلوم ہے سب کو

کسے کندھوں پہ اپنے وہ اٹھا کر ساتھ لائے ہیں

کسے قدموں تلے روندا گیا معلوم ہے سب کو

ہمارے شہر کے یہ معجزے بھی کیا قیامت ہیں

بنے خود ساختہ کتنے خدا معلوم ہے سب کو

کہ جس دارالاماں میں لوگ اپنے خواب لائے تھے

وہ بنتا جا رہا ہے کربلا معلوم ہے سب کو

مئی ۱۹۹۷

ڈاکٹر خالد سہیل

## ۲۲۔ غزل

کلی کلی کی یہ وحشت عجیب لگتی ہے
چمن میں اب کے یہ حالت عجیب لگتی ہے

ہر ایک پھول نے پہنے ہیں ہار کانٹوں کے
ملی ہے کیسی وراثت، عجیب لگتی ہے

جو ار تقا کی جڑیں کاٹتی رہی برسوں
کہاں کی ہے یہ روایت عجیب لگتی ہے

نہیں ہے اس میں کسی تجربے کو خوشبو کچھ
سنی سنائی کہاوت عجیب لگتی ہے

جو بیج بوتی رہی روح میں تشدد کے
ہمیں تو ایسی عبادت عجیب لگتی ہے

ہر ایک رشتے میں یوں زہر گھل گیا خالد
ہمیں اب اپنی ہی چاہت عجیب لگتی ہے

ستمبر ۱۹۹۷

## ۲۳۔ غزل

ہم اپنی خواب گاہ میں نجانے کب سے ہیں پڑے
کسی سفر کا رات دن کوئی جواز ڈھونڈھتے

نہ راہزن نہ راہبر نہ منزلیں نہ راستے
عجب طرح سے کھو گئے ہیں جنگلوں میں ذات کے

سبھی کہیں جمود ہے مگر ہمیں یہ زعم ہے
کہ داخلی مسافتوں سے تھک کے چور ہو گئے

نجانے کتنے موسموں کے کارواں گزر گئے
ہم آج بھی وہیں کھڑے ہیں جس جگہ سے تھے چلے

تمام لوگ اپنی اپنی منزلوں سے جا ملے
ہم اپنے خواب سورجوں کی دھوپ سینکتے رہے

مئی ۱۹۹۷

ڈاکٹر خالد سہیل

## ۲۴۔ غزل

سہیل تیرے شہر کی عمارتوں کے درمیاں
زمین تنگ ہو گئی ہے کھو گیا ہے آسماں

بکھر گئی ہے جس طرح سے آسماں میں کہکشاں
بکھر گئے ہیں زندگی میں اس طرح ہی خانداں

نہ کوئی ان میں پھول ہے نہ کوئی ان میں خواب ہے
نجانے کس کی آس میں کھلی ہوئی ہیں کھڑکیاں

سبھی یہاں پہ اپنے اپنے خول میں گھرے ہوئے
بنے ہیں آبِ جو کہ جو کبھی تھے بحرِ بیکراں

سہیلؔ ایسے شخص کو میں اپنے گھر ہی لے گیا
کہ جس کا سارے شہر میں نہیں تھا کوئی رازداں

جون ۱۹۹۷

## ۲۵۔ غزل

یہ کیسی آزمائش کی گھڑی ہے
کہ ہم نے خودکشی کی ٹھان لی ہے

یہ کس نے کارخانوں کے دھوئیں کی
ہر اک چہرے پہ کالک سی ملی ہے

ہر اک موسم ہوا ہے بے ثمر کیوں
درختوں کی جوانی پوچھتی ہے

بھری تیزاب کی یہ کس نے بوتل
سنہرے بادلوں پہ پھینک دی ہے

یہ کس نے زہر گھولا پانیوں میں
کسے ان مچھلیوں سے دشمنی ہے

زمیں کی کوکھ میں مردہ ہیں بچے
نجانے بددعا کس کی لگی ہے

ہمارے عہد کی یہ آگہی کیوں
بنی خالدؔ جوازِ خودکشی ہے

جنوری ۱۹۹۵

ڈاکٹر خالد سہیل

## ۲۶۔ غزل

میں جنگلوں سے گزرتا ہوں راستہ بن کر
میں شہرِ درد میں آیا ہوں اک دوا بن کر

گزر رہا ہوں میں صحرائے ناامیدی سے
گلاب زاروں سے آتی ہوئی ہوا بن کر

ہر ایک عہد کو امید میں دلاتا ہوں
غریبِ شہر کی کٹیا کا اک دیا بن کر

نجانے کتنے گناہوں کی پردہ پوشی کی
کسی کے جسم پہ پھیلی ہوئی ردا بن کر

دیارِ غیر میں جو اجنبی نظر آئے
بنے ہیں دوست ملا جب میں آشنا بن کر

سمندروں کو جو دیکھا تو بے خطر خالدؔ
نکل پڑا ہوں اب اپنا ہی ناخدا بن کر

جولائی ۱۹۹۴

ڈاکٹر خالد سہیل

قطعات

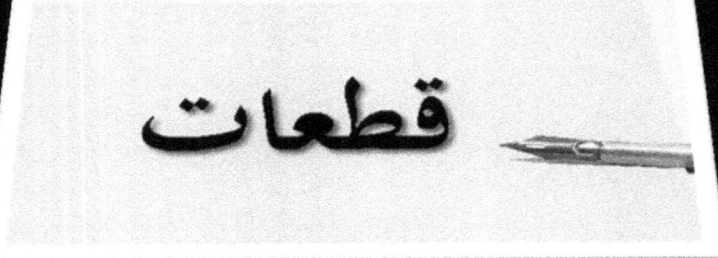

۲۷۔ گناہ

اسی نے چہرے کو تنویر میرے بخشی ہے
اسی نے چاند مری روح میں اتارا ہے
میں اعتماد کا پیکر بنا تو جان گیا
مرے گناہ نے کتنا مجھے سنوارا ہے

جنوری ۱۹۹۳

## ۲۸۔ گراں گزرے

نہ کوئی مہرباں گزرے نہ کوئی رازداں گزرے
گلی کوچوں سے بیگانوں کا دن بھر کارواں گزرے
میں ایسے شہر میں رہتا ہوں سب بیزار ہیں خود سے
میں اپنے آپ کو چاہوں تو لوگوں کو گراں گزرے

مارچ ۱۹۹۷

## ۲۹۔ تضاد

قرار بھی ہے ترے دل میں بے قراری بھی
مسرتیں بھی ہیں آنکھوں میں ناگواری بھی
عجب تضاد سا خالد ترے مزاج میں ہے
غرور بھی ہے ترے من میں انکساری بھی

دسمبر ۱۹۹۸

## ۳۰۔mutual consent

مائل نہ ہوں خود وہ تو تقاضا نہیں کرتے
ہم خواب میں بھی عرضِ تمنا نہیں
کرتے
ہر بار رضا ان کی نہ شامل ہو تو خالدؔ
اک بار جو کرلیں تو دوبارا نہیں کرتے

مئی ۱۹۹۵

---

## ۳۱when lovers are friends

نظروں سے کبھی ان کو گرایا نہیں کرتے
ہم ربطِ خصوصی سے کنارا نہیں کرتے
ہم دوست بنا لیتے ہیں معشوق کو اپنا
محبوب کو ہم دل سے نکالا نہیں کرتے
مئی ۱۹۹۵

## ۳۲۔ آج کا دور

منزلِ خواب کا ہر زینہ پرکھنا ہوگا
دل کو جاتا ہوا ہر رستہ پرکھنا ہوگا
کس سے ہم دور رہیں پاس بلائیں کس کو
آج کے دور میں ہر رشتہ پرکھنا ہوگا

فروری ۱۹۹۸

## ۳۳۔ ہمارا گھر

ادھورے خواب حسیں یادیں ساتھ لاتے ہیں
ہمارے گھر میں مسافر بہت سے آتے ہیں
انہیں یقیں نہیں آتا ہماری قربت میں
وہ چند گھنٹوں میں کتنا بدل کے جاتے ہیں

اپریل ۱۹۹۱

## ۳۴۔خوف

روزِ روشن میں بھی لوگوں کا ہراساں ہونا
شام ڈھل جائے تو ماؤں کا پریشاں ہونا
خوف چپکے سے گلی کوچوں میں گھس آیا ہے
ہم نے دیکھا ہے بھرے شہروں کا سنساں ہونا

اکتوبر ۱۹۹۱

---

## ۳۵۔بیسویں صدی کا انساں

اپنے دریا کا کنارا ڈھونڈیں
اپنے جیون کا سہارا ڈھونڈیں
رات بھر عالمِ بے خوابی میں
اپنی قسمت کا ستارا ڈھونڈیں

نومبر ۱۹۹۵

## ۳۶۔ مشورہ

کیوں نہ آنگن میں نئے پیڑ لگائیں ہم بھی

کیوں نہ ہر رات نئے دیپ جلائیں ہم بھی

اپنی قسمت کا بہت شکوہ کیا ہے ہم نے

کیوں نہ آنکھوں میں نئے خواب سجائیں ہم بھی

مئی ۱۹۹۶

---

## ۳۷۔ ارتقاء

کبھی انساں کبھی خداہوں میں

اپنی تکمیل کی دعاہوں میں

لمحہ لمحہ سنور رہا ہے سہیلؔ

خود کو تخلیق کر رہا ہوں میں

اکتوبر ۱۹۹۲

ڈاکٹر خالد سہیل

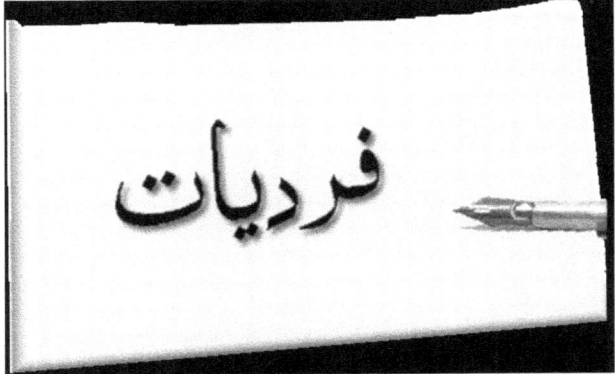

فردیات

## ۳۸۔ فردیات

عجب سکون ہے میں جس فضا میں رہتا ہوں
میں اپنی ذات کے غارِ حرا میں رہتا ہوں

--------------------------------

ان کے چہروں پہ روشنی دیکھی
اپنی ہی آگ میں جو جلتے رہے

--------------------------------

ڈاکٹر خالد سہیل

جسے تھا پوجا سبھی نے کسی خدا کی طرح
بھگت رہے ہیں اسی کو کسی سزا کی طرح

---

اک منزل کی خاطر خالدؔ اک رستہ میں کھو آیا ہوں
اک سپنا میں لے آیا ہوں اک سپنا میں کھو آیا ہوں

میں نیندیں بانٹ کر یہ سوچتا تھا
مری قسمت میں کیونکر رتجگا تھا

---

میں اپنی اس بری عادت پہ خود ہی مسکراتا ہوں

میں اپنے آپ کو اکثر کہیں پر بھول آتا ہوں

ڈاکٹر خالد سہیل

# پابند نظمیں

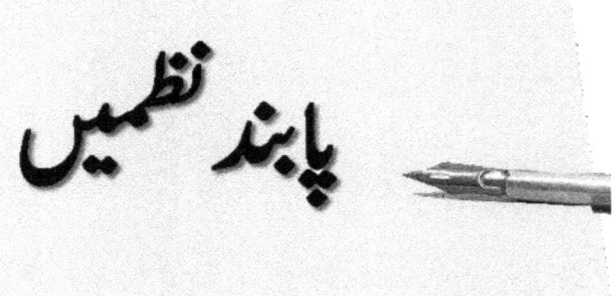

## ۳۹۔ سورج اور وہ

صبح سورج کے ساتھ بے مقصد

گھر سے ہر روز وہ نکلتا ہے

اپنی دھن میں وہ سارا سارا دن

شہر میں راستے بدلتا ہے

سب سہاروں سے بے نیاز ہے وہ

خود ہی گرتا ہے خود سنبھلتا ہے

اس کے من میں وہ آگ ہے جس میں

چپکے چپکے سے وہ سلگتا ہے

شام ہوتے ہی گہرے سایوں میں

اپنے سورج کے ساتھ ڈھلتا ہے

ستمبر ۱۹۹۱

ڈاکٹر خالد سہیل

## ۴۰۔ درویش

خواب در خواب

کبھی شفقت بھرا وہ آسماں ہے
کبھی دھرتی کی صورت سب کی ماں ہے
رقابت کا وہ دریا پی کے چپ ہے
رفاقت کا وہ بحرِ بے کراں ہے
کئی رشتے ہیں اک رشتے میں مخفی
وہ اپنی ذات میں اک خانداں ہے
نئی سوچوں کے تحفے بانٹتا ہے
سخاوت کی وہ لمبی داستاں ہے

مسافر اس کے گھر میں آ کے ٹھہریں
تھکے ہاروں کا وہ اک سائباں ہے
سبھی اس سے دلوں کا حال کہہ دیں
ہمارے عہد کا وہ رازداں ہے
بزرگی میں بھی بچپن کی سی شوخی
بڑھاپے میں بھی دل اس کا جواں ہے

دسمبر ۱۹۹۵

ڈاکٹر خالد سہیل

# ۱۴۱۔ مشرقِ وسطیٰ

شہروں میں بارود کے بادل
دھیرے دھیرے چھانے لگے ہیں
صحراؤں میں خون کی ہولی
کھیلنے والے کھیل رہے ہیں

دنیا بھر نے اپنے بیٹے
مقتل میں اب بھیج دیے ہیں
ہونے والی بیواؤں نے
اپنے چہرے نوچ لیے ہیں

بچوں کے سب خواب سہانے
خون میں کب سے لتھڑے ہوئے
ہیں
امن وسکوں کی دیوی نے اب
اپنے کپڑے پھاڑ دیے ہیں

دانائی کے سارے رستے
برسوں سے سنسان پڑے ہیں
پاگل پن کی شہراہوں پر
انساں ننگے ناچ رہے ہیں

نومبر ۱۹۹۰

# آزاد نظمیں

ڈاکٹر خالد سہیل

## ۴۲۔ المیہ

میں جسے چاہتا ہوں شدت سے
کیا قیامت کہ اس کو ہی خالدؔ
ٹوٹنے سے بچا نہیں سکتا

جنوری ۱۹۹۶

## ۴۳۔ ایسی رات سے پہلے

تم نے مجھ کو برسوں سے

ٹوٹ کر جو چاہا ہے

صبح و شام پوجا ہے

رات دن سراہا ہے

اس کا ہی نتیجہ ہے

مجھ کو اب یہ دھڑکا ہے

یوں نہ ہو کہ میں اک شب

تیرے من کی حدت کی

تاب ہی نہ لا پاؤں

تیری گرم سانسوں سے

خود بخود پگھل جاؤں

یا شکستہ خوابوں کے

ایک ہار کی صورت

ڈاکٹر خالد سہیل

تیرے نرم بستر پر

ٹوٹ کر بکھر جاؤں

میرے ذہن میں جب بھی

یہ خیال آتا ہے

میرے من میں اک خواہش

کروٹیں بدلتی ہے

مجھ سے روز کہتی ہے

ایسی رات سے پہلے

کیوں نہ اپنی مرضی سے

ایک دن ترے گھر سے

خود ہی میں چلا جاؤں

اپنے سارے خوابوں کو

وقت کے سمندر میں

جا کے خود بہا آؤں

فروری ۱۹۹۶

## ۴۴۔ اپنے گھر چلے جاؤ

کشتیاں جلا کر جن
اجنبی دیاروں میں
اپنا گھر بنایا تھا

آج ان دیاروں کے
لوگ ہم سے کہتے ہیں
اپنے گھر چلے جاؤ

ستمبر ۱۹۹۱

ڈاکٹر خالد سہیل

## ۴۵۔ اپنے عہد کی کہانی

بدل گئیں
روایتیں بدل گئیں
ہمارے عہد کی حکایتیں صداقتیں بدل گئیں
ہر ایک لب سلا ہوا
ہر ایک آنکھ رتجگوں کی داستاں
ہر ایک دل میں وسوسے
ہر ایک ذہن حیرتوں کا بحرِ بیکراں
نجانے کتنی حسرتیں جو دل ہی دل میں رہ گئیں
نجانے کتنی چاہتیں جو آنسوؤں میں ڈھل گئیں
نجانے کتنی منزلیں جو راستوں میں کھو گئیں
گھروں کا اب یہ حال ہے
بزرگ اپنی داستاں سنا سنا کے تھک گئے
جوان اپنی شہوتوں کی مستیوں میں کھو گئے

نجانے کتنی عورتوں کی کہکشاں بکھر گئی

نجانے کتنے طفل ہیں

گھروں کو اپنے چھوڑ کر

گلی گلی سڑک سڑک

اماں کی جو تلاش میں

کسی جہانِ بے اماں میں کھو گئے

زمین بانجھ ہو گئی

فضا دھواں دھواں ہوئی

سمندروں کے پانیوں میں زہر ہے گھلا ہوا

یہاں ہے کون جو نہیں ہے جانتا

ہر ایک دن زمین پر

بنا ہوا ہے سانحہ

مگر یہ کیا کہ آج بھی ہیں چند ایسے سر پھرے

ہر ایک شاہراہ پر

جو اپنی دھن میں ناچتے

ڈاکٹر خالد سہیل

تلاش کر رہے ہیں وہ پرانی اب بھی چاہتیں، محبتیں، بشارتیں

ازل سے جن کی کوکھ سے

مسرتوں کی آس تھی

مگر ہمارے عہد کا یہ حادثہ

کہ ایسی ساری چاہتوں، محبتوں، بشارتوں

نے خون اب اگل دیا

وہ خون جس کو دیکھ کر وہ سر پھرے

سروں کو اپنے تھام کر ڈرے ڈرے

ہر ایک اجنبی، ہر آشنا سے پوچھنے لگے کہ کیوں

بدل گئیں

روایتیں بدل گئیں

ہمارے عہد کی حکایتیں، صداقتیں، بدل گئیں

جون ۱۹۹۴

## ۴۶۔ خواب نگر

میرا من اک خواب نگر ہے

میرے من کی گلیوں، بازاروں اور چوراہوں میں

لفظوں، رنگوں اور خوشبوؤں کی

ہلکی ہلکی بارش ہوتی رہتی ہے


میرا من اک خواب نگر ہے

میرے من کے وحشی جذبے

رات کی تاریکی میں اکثر

شہر کی اونچی دیواروں پر

ایسے نقش بنائیں جن کو

شہر کے باسی دن بھر پڑھ کر

ہنسیں بھی مسکائیں بھی

روئیں بھی ڈر جائیں بھی

ڈاکٹر خالد سہیل

میرا من اک خواب نگر ہے

میرے من میں

چاہ کے چشمے

امن کی نہریں

آس کے دریا

پیار سمندر

ہر سو بہتے رہتے ہیں


میرا من اک خواب نگر ہے

میرے من میں

درویشوں کا ڈیرا بھی ہے

اس ڈیرے پر

شاعر، صوفی، پاپی، دانا سب آتے ہیں

کچھ سپنے وہ لے جاتے ہیں

کچھ سپنے وہ دے جاتے ہیں

خواب در خواب

ان سپنوں کی دھرتی سے جب
غزلوں، نظموں، گیتوں کے چند
پھول کھلیں تو برسوں پھر وہ
خواب نگر کو مہکاتے ہیں

میرا من اک خواب نگر ہے
میرے من کی گلیوں، بازاروں اور چوراہوں میں
لفظوں، رنگوں اور خوشبوؤں کی
ہلکی ہلکی بارش ہوتی رہتی ہے

نومبر ۱۹۹۱

ڈاکٹر خالد سہیل

(360)

خواب در خواب

# نثری نظمیں

ڈاکٹر خالد سہیل

## ۴۷۔ خالی صراحیاں

خواب در خواب

ہماری زندگیاں

خالی صراحیاں ہیں

جنہیں ہم

عمر بھر

اپنی خواہشوں

اپنی آرزوؤں

اپنی تمناؤں

اپنی عداوتوں

اپنی رفاقتوں

اور

اپنی محبتوں

کی رنگیں شرابوں

سے بھرتے رہتے ہیں

لیکن اکثر اوقات

بھول جاتے ہیں

کہ در حقیقت

ہماری زندگیاں بے رنگ

خالی صراحیاں ہیں

مارچ ۱۹۹۰

ڈاکٹر خالد سہیل

## ۴۸۔ سمندر اور ساحل

انسان

بظاہر جزیرے

درپردہ سمندر ہوتے ہیں

جن کی گہرائیوں میں

خاموشیاں بھی ہوتی ہیں طوفان بھی

جس طرح

سمندر کی کوکھ سے

سنگریزے، ریت اور سیپیاں نکلتی ہیں

ایسے ہی

جذبے، لفظ اور خیال

ہم میں جنم لیتے ہیں

اور

ساحل پر بکھر جاتے ہیں

جون ۱۹۹۴

## ۴۹ ۔ کچے رنگ

ہم میں سے

کتنے لوگ ایسے ہیں

جن کے نظریات و اعتقادات

وہ کچے رنگ ہیں

جو

آزمائشوں کی بارش

اور قربانیوں کی دھوپ میں

اڑ جاتے ہیں

فروری ۱۹۸۹

## ۵۰۔ نئے دکھ کا عرفان

ایک دن جب

کلاس کے بچوں نے

اپنی استانی کو بتایا کہ وہ

ٹیسٹ ٹیوب کی اولاد ہیں

تو وکٹر

دیر تک روتا رہا

کیونکہ وہ

کلاس میں واحد بچہ تھا

جسے

اس کی ماں نے جنم دیا تھا

اپریل ۱۹۹۱

## ۵۱۔ دلوں کے رشتے

دلوں کے رشتے
گلابوں کی طرح ہوتے ہیں
مسکراتے رہیں
تو اپنے ماحول کو خوشبوؤں سے معطر رکھتے ہیں
دلوں کے رشتے
آئینوں کی طرح سچے ہوتے ہیں
اجلے رہیں
تو اپنوں اور بیگانوں میں تمیز کرتے رہتے ہیں
دلوں کے رشتے
بادلوں کی طرح سخی ہوتے ہیں
تپتی دھوپ میں
مسافروں کو سایے سے
اور پیاسے کھیتوں کو بارشوں سے

سیراب کرتے رہتے ہیں

دلوں کے رشتے

آئنوں کی طرح نازک ہوتے ہیں

ٹھوکر لگے تو ٹوٹ جاتے ہیں

ان کی کرچیاں چاروں طرف بکھر جاتی ہیں

اور کتنی روحیں کتنے جسم

کتنے خواب اور کتنی آرزوئیں

لہولہان ہو جاتی ہیں

فروری ۱۹۸۹

## ۵۲۔ اسقاط

میں

ان گنت لمحوں

اور ان کہے فاصلوں

کا سفر طے کر کے

مغرب سے مشرق کی اس گلی میں پہنچا

جو مشرق کی بہت سی گلیوں کی طرح

بے خواب بھی تھی اور بے چراغ بھی

یہ وہی گلی تھی جہاں

میری اس سے پہلی دفعہ ملاقات ہوئی تھی

اور اسی گلی میں میں

اس سے آخری دفعہ ملنے آیا تھا

میں نے اس کے زرد لیکن حسین چہرے کو

ایک سفید کفن میں لپٹے دیکھا

تو مجھے یوں محسوس ہوا جیسے

وہ ایک ایسا خواب تھا

جسے شرمندۂ تعبیر ہونے سے پہلے ہی

سنگسار کر دیا گیا ہو

وہ ایک ایسی ماں ہو

جس نے ماں بننے سے پہلے ہی

خودکشی کر لی ہو

اور میں

جس کے دل میں برسوں

اسے بازوؤں میں لے کر

اس کے ہونٹوں پر بوسہ دینے کی خواہش

پرورش پاتی رہی تھی

اس کے ماتھے پر بوسہ دے کر لوٹ آیا

جون ۱۹۹۶

## ۵۳۔ دو بھائی

وہ دونوں

ایک ہی دھرتی کی کوکھ میں پیدا ہوئے

ایک ہی ماں کا دودھ پیتے رہے

ایک ہی ماحول میں پلے بڑھے

ایک ہی فضا میں جوان ہوئے

لیکن

ایک فوجی بن گیا

ایک گوریلا

اور

ساری عمر

ایک دھرتی ماں کو ذلیل کرنے کی

دوسرا اسے عزت دینے کی

ایک عوام کو قتل کرنے کی

دوسرا انہیں حیاتِ جاوید بخشنے کی

کوشش کرتا رہا

۔فروری ۱۹۸۹

ڈاکٹر خالد سہیل

## ۵۴۔دوستی

میرے باغ میں

برسوں سے ناشپاتی کا ایک درخت تھا

لیکن اس کی شاخوں پر

نہ کوئی پھل نظر آیا نہ پھول

پچھلے سال

میرے ایک دوست نے

مجھے ناشپاتی کا ایک اور درخت تحفہ دیا

اس سال

دونوں درختوں کی شاخیں

ناشپاتیوں سے بھری پڑی ہیں

مئی

۱۹۹۱

## انسان۔۔۔جانور۔۔۔درخت

جس دن

جنوبی افریقہ کے قبائل کے

ایک بش مین نے

ایک جنگلی بکری کو

اپنے تیر کا نشانہ بناتے ہوئے کہا تھا

اے بکری مجھے افسوس ہے

کہ میں نے تیری جان لی

لیکن

میرے بوڑھے ماں باپ بھوکے ہیں

اگر انہیں کھانا نہ ملا

تو وہ مر جائیں گے

امید ہے تم مجھے معاف کر دو گی

اسی دن سینکڑوں انسان

ہزاروں دنبوں کو ذبح کر رہے تھے

ڈاکٹر خالد سہیل

تاکہ

ان کے پیٹ سے وہ بچے نکال سکیں

جن کی کھال سے

وہ خوبصورت کوٹ بنانا چاہتے تھے

------------------------------

جس دن

شمالی امریکہ کے قبائل کے

ایک انڈین نے

ایک درخت کو کاٹتے ہوئے کہا تھا

اے درخت مجھے بہت دکھ ہے

کہ میں نے تمہیں کاٹ ڈالا

لیکن

میرے چھوٹے چھوٹے بچے

سردی سے کانپ رہے ہیں

اگر انہیں آگ کی حرارت نہ ملی

خواب در خواب

تو وہ سردی سے ٹھٹھر کر مر جائیں گے

امید ہے تم مجھے معاف کر دو گے

اسی دن

ہزاروں ادیب

لاکھوں کاغذ

جن پر

ان کی نظموں، غزلوں اور افسانوں کے

نامکمل ڈرافٹ رقم تھے

ردی کی ٹوکریوں میں پھینک رہے تھے

مئی ۱۹۹۱

## ۵۶۔ مرد

میں تمام عمر اپنے دشمنوں کو تلاش کرتی رہی

اس قبیلے کا سراغ لگاتی رہی جس نے

صدیوں سے

نسل در نسل

مجھے معاشرے میں مظلوم و مجبور رکھا

میرے حقوق کا استحصال کیا

میری آزادی و خود مختاری کی راہ میں کانٹے بچھائے

اور جب

میں نے اس قبیلے کو پا لیا

تو

اس کے ایک فرد کے عشق میں گرفتار ہو گئی

ستمبر ۱۹۹۰

# ۵۷۔ماں اور بیٹی

میں اپنی ماں سے تمام تعلقات منقطع کر چکی ہوں
نہ میں اس سے بات کرتی ہوں نہ ہی اس کے گھر جاتی ہوں
اگر مجھے وہ دعوت دے تو انکار کر دیتی ہوں
بات صرف یہی نہیں کہ میں اس سے محبت نہیں کرتی
حقیقت یہ ہے کہ میں اس سے بیزار ہو چکی ہوں
میں اس کی آنکھوں، اس کے چہرے
اور اس کے سارے وجود سے نفرت کرتی ہوں
میں جب بھی اس سے ملتی ہوں
میرے سراپا میں تلخیاں گھلنے لگتی ہیں
میں جب بھی اس سے بات کرتی ہوں
میری زبان اور حلق میں زہر پگھلنے لگتا ہے
میں جب بھی اس کے بارے میں سوچتی ہوں
میرے ذہن میں غصے کے سانپ پھنکارنے لگتے ہیں

لیکن یہ بھی ایک حقیقت ہے

ہر شام سونے سے پہلے

جب میں آئنہ دیکھتی ہوں

تو میری آنکھوں، میرے چہرے اور میرے سارے وجود سے

میری ماں جھانکتی نظر آتی ہے


اور میں

ساری رات یہ سوچتے ہوئے

کروٹیں بدلتی رہتی ہوں

کہ میں دھیرے دھیرے اپنی ماں کی طرح بنتی جا رہی ہوں


دسمبر ۱۹۸۹

## ۵۸۔ شہرِ ماسکو اور روسی گڑیاں

ہم

شہرِ ماسکو کے وسط میں

جہاں

دائیں طرف کریملین کی سرخ دیواریں ایستادہ تھیں

بائیں طرف لینن کا عجائب گھر تھا

اور سامنے

سینٹ بیزل کے کیتھیڈرل کی رنگیں عمارت تھی

ایک ہوٹل کے سامنے اترے

تو چند ہی لمحوں میں ہمیں

بھکاریوں نے چاروں طرف سے گھیر لیا

وہ بھکاری

جن کے چہرے

مایوسی کی راکھ

ڈاکٹر خالد سہیل

اور محتاجی کی دھول سے

اٹے ہوئے تھے

ان مردوں کی آنکھیں

ندامت سے جھکی ہوئی تھیں

کیونکہ وہ

اپنی غیرت

بازاروں میں نیلام کر آئے تھے

وہ عورتیں

اپنی گود میں

ان بچوں کو اٹھائے ہوئے تھیں

جن کی زندگی کی کلیاں

کھلنے سے پہلے ہی مرجھا گئی تھیں

اور جن کی مسکراہٹوں کے چراغ

بے نور ہو گئے تھے

شہر بھر میں

فقر و فاقہ کا یہ عالم تھا

کہ عوام

روٹی، پنیر، سبزیوں اور پھلوں کے لیے

سینکڑوں کی قطار میں کھڑے تھے

قحط کا یہ عالم تھا

کہ ایک کیلو گوشت کی قیمت

ایک ہزار روبل تھی

جبکہ

ایک عام شہری کی ماہانہ تنخواہ پانچ سو روبل تھی

اس شہرِ محرومی میں

خواص کا حال

عوام سے بہتر نہ تھا

کاروں میں تیل ڈالنے کے لیے

گھنٹوں انتظار کرنا عام سی بات تھی

شہر کے بین الاقوامی اڈے سے

ڈاکٹر خالد سہیل

ایندھن کی شدید قلت کی وجہ سے

جہاز پرواز نہ کر سکتے تھے

وہ ملک

جس نے آدھی دنیا کو

آدھی صدی تک

معاشی سہارا

ایک نظریہ حیات

اور اسلحہ و بارود مہیا کیا تھا

اس کا

اخلاقی اور مالی طور پر

دیوالیہ نکل گیا تھا

اور اس کے بچے جوان اور بوڑھے

نانِ جویں تک کے محتاج ہو گئے تھے

وہ انقلاب

جس نے بیسویں صدی کے آغاز میں

خواب در خواب

عوام کے دکھ درد بانٹے

اور ان کی روز مرہ کی ضروریات

پورا کرنے کا وعدہ کیا

بیسویں صدی کے دم توڑنے کے ساتھ ساتھ

دم توڑ دیا تھا

اس انقلاب کی ناکامی نے

ثابت کر دیا

کہ جب کوئی نظریہ

جو شروع میں کتنا ہی ترقی پسند کیوں نہ ہو

جب

انسانی ارتقا کی راہ میں رکاوٹ بن جاتا ہے

اور انسان دوستی کو خیر باد کہہ دیتا ہے

تو وہ

اپنی قبر خود کھودنا شروع کر دیتا ہے

اس انقلاب کے زوال نے

ڈاکٹر خالد سہیل

یہ بھی واضح کر دیا

کہ انسان بنیادی طور پر آزاد ہیں

اور جب

ان کی آزادی پر پہرے لگائے جائیں

تو وہ مختصر عرصے کے لیے تو

ان پابندیوں کو قبول کر لیتے ہیں

لیکن پھر

اپنے جذبات کا اس شدت سے اظہار کرتے ہیں

کہ ظلم، جبر اور پابندیوں کی ساری زنجیریں

توڑ ڈالتے ہیں

گورباچیف نے

سٹالن کی شدت پسند روایات کو

آہستہ آہستہ جمہوری روایات سے بدلنا چاہا

لیکن

صیاد خود اپنے ہی دام میں گرفتار ہو گیا

خواب در خواب

اس نے جس دن

کمیونسٹ پارٹی کو

جس کا وہ رہنما بھی تھا

یلسٹن کے اصرار پر ڈرتے ڈرتے

کالعدم قرار دیا تھا

اس دن اس نے

اپنے ہاتھوں سے

اپنے مستقبل کی کمر میں

خود ہی خنجر بھی گھونپ دیا تھا

جب کے جی بی اور کمیونسٹ پارٹی نے

فوج کو عوام پر

گولی چلانے کا حکم دیا

اور طاقت کی بندوق کی لبلبی دبائی

اس وقت

انہیں احساس ہوا

ڈاکٹر خالد سہیل

کہ وہ بندوق اور وہ فوج

جن پر انہیں حد سے زیادہ ناز تھا

بے وفائی کی حدود پار کر چکے تھے

فوج کی

حکومت سے بے وفائی نے

عوام کی خواہشات کو اعتبار بخشا

اور وہ

گلیوں اور بازاروں میں نکل آئے

انہوں نے ثابت کر دیا

کہ جبر کا سورج

اگر طلوع ہوتا ہے

تو غروب بھی ہوتا ہے

انہوں نے شہر کی سڑکوں پر

لینن کے بت پاش پاش کر دیے

اور مارکس کے مجسمے پر لکھ دیا

خواب در خواب

## WORKERS OF THE WORLD FORGIVE ME

اس کمیونزم نے

جس نے ملک کے مختلف حصوں کو

ان کی مرضی کے بغیر

جوڑ رکھا تھا

جب خودکشی کی

تو سارے ملک کا شیرازہ بکھر گیا

لیکن

اس دورِ فرماں روائی کا زوال

انگلستان، فرانس اور سپین کے زوال سے مختلف تھا

کیونکہ

ان کے غلام سات سمندر پار بستے تھے

لیکن

سوویت روس کے اصحابِ اختیار

انگریزوں کی طرح اپنے گھر نہیں جا سکتے تھے

ڈاکٹر خالد سہیل

چنانچہ

عوام کی نفرت

ان کی اپنی رگوں میں ہی پھیل گئی

انہیں کیا خبر تھی

کہ ان کے زہر بھرے تیر

ظالموں کے دلوں کے پار ہونے کے بعد

مظلوموں کی طرف لوٹ آئیں گے

اور انہیں

رنگ، نسل، زبان اور مذہب کے فرقہ ورانہ فسادات میں

الجھادیں گے

ہمسایے

ایک دوسرے کے دشمن بن جائیں گے

اور

ایک دن وہ اپنے آپ کو

## خانہ جنگی کے دروازے پر کھڑا پائیں گے

------------------------------

---

ہم نے

ریڈ سکوائر میں

سالِ نو کی تقریب دیکھی

جس میں

رقص و موسیقی کی محفلیں سجائی گئیں

شیمپین کی بوتلیں کھولی گئیں

اور تصویریں اتاری گئیں

نجانے وہ

پرانے عہد کی موت کا جشن تھا

یا

نئے عہد کی پیدائش کا

وہ نیا عہد

ڈاکٹر خالد سہیل

جس کی فضا میں

آزادی کے پھولوں کی خوشبو

خانہ جنگی کی انسانی لاشوں کی بدبو میں


گھل مل گئی تھی

اور وہ رقص

بیک وقت

زندگی اور موت کا رقص بن گیا تھا

اس وقت

ہم ہی نہیں

ساری دنیا سوچ میں ڈوبی ہوئی تھی

کیونکہ

ریڈ سکوائر

کی سالِ نو کی آتش بازی

بیسویں صدی کا

سب سے بڑا

## المیہ بھی تھا اور معجزہ بھی

---

جب ہم شہرِ ماسکو سے
لوٹ رہے تھے

تو ہماری جیبوں میں
روسی گڑیاں مسکرا رہی تھیں
وہ روسی گڑیاں
جو اپنے دلوں میں
بہت سے راز چھپائے ہوئے ہوتی ہیں
ار جنہیں سمجھنے میں
ایک طویل عرصہ گزر جاتا ہے

جنوری ۱۹۹۲

## ۵۹۔ بے گھروں کا شہر

ہر آنکھ میں غم کا آنسو

ہر چہرے پر خوف کی زردی

ہر ذہن میں ماتمی نوحہ

ہر دل میں امن کی امید

چاہے وہ اسرائیلی عورت ہو یا عرب مرد

چاہے وہ عیسائی بچہ ہو مسلمان جوان یا یہودی بوڑھا

ہر گھر میں بے گھری کے چراغ

ہر دیوار پر آسیب کے سائے

ہر کھڑکی پر خوف کی سلاخیں

ہر گلی میں خون کے چھینٹے

ہر بازار میں دہشت کی پرچھائیں

ہر چوراہے پر انصاف مصلوب

ہر عبادت گاہ میں حق سنگسار

خواب در خواب

ہر سکول میں جہالت رقص کناں

ہر ایوانِ سیاست میں تعصب خندہ زن

اس شہر کا ہر شہری

مظلوم و مقہور و مجبور

چاہے وہ اسرائیلی عورت ہو یا عرب مرد

چاہے وہ عیسائی بچہ ہو مسلمان نوجوان یا یہودی بوڑھا

------------------------------

ڈاکٹر خالد سہیل

## ۶۰۔ بدو

نہ ہم کسی کو خط لکھتے ہیں
نہ کوئی ہمیں فون کرتا ہے
نہ ہم ٹی وی دیکھتے ہیں
نہ فریزر میں گوشت سنبھال کر رکھتے ہیں
ہمارا طرزِ حیات صدیوں سے نہیں بدلا
ہم آج بھی خیموں میں رہتے ہیں
کھلے آسمان تلے سوتے ہیں
تازہ ہوا میں سانس لیتے ہیں
کھجوریں کھاتے اور بکریوں کا دودھ پیتے ہیں
ہم اپنے بچوں کو بانسری بجانا
اور امن کے گیت گانا سکھاتے ہیں
ہمارا رشتہ دھرتی ماں سے نہیں ٹوٹا
ہم کبھی کبھار بستیوں اور شہروں کے قریب سے گزرتے ہیں
تاکہ ہمارے بچے

ان لوگوں کا طرزِ حیات دیکھ سکیں

جو وادیوں اور پہاڑوں کو چھوڑ کر

شہروں میں جا بسے ہیں

جو کارخانوں کے زہریلے دھوئیں میں سانس لیتے ہیں

دفتروں کی جہنم میں جلتے ہیں

کاروں اور بسوں میں بے مقصد گھومتے ہیں

بچوں کو ایسے سکولوں میں بھیجتے ہیں

جہاں جہالت کی تعلیم دی جاتی ہے

انہوں نے

انسانوں کو قومیتوں میں

اور دھرتی ماں کو

ملکوں میں بانٹ دیا ہے

ہم ایوانِ سیاست سے دور

فطرت کے قریب رہتے ہیں

ہم آزاد منش لوگ ہیں

اور آزاد زندگی گزارنا چاہتے ہیں

ڈاکٹر خالد سہیل

## ۶۱۔ درویشوں کا ڈیرا

کل شام

خضر کے گھر

درویشوں کے ڈیرے پر

مہمان شاعروں اور فنکاروں سے ملاقات کے بعد

گھر لوٹتے ہوئے

میں سوچ رہا تھا

کہ مہاجر پرندے

جب کسی باغ میں جاتے ہیں

تو صرف اسی درخت کی شاخوں پر بیٹھتے ہیں

جن سے انہیں

اپنائیت کی خوشبو آتی ہے

یہی حال

ہمارے شہر میں درویشوں کے ڈیرے کا ہے

دنیا کے کسی کونے سے

مہاجر ادیب یا شاعر

فلسفی یا موسیقار

شہر میں آتے ہیں

تو درویشوں کے ڈیرے کے دروازے

محبت سے کھل جاتے ہیں

خضر انہیں

بڑے خلوص سے خوش آمدید کہتا ہے

اور اپنے شہر کے ادیبوں اور فنکاروں سے ملواتا ہے

وہ مہمان

اس ڈیرے پر

چند شامیں گزارتے ہیں

آتشدان کے آگے بیٹھ کر

اپنے اجنبی دوستوں کے ساتھ

فن پارے پیش کرتے ہیں

آپ بیتیاں اور جگ بیتیاں سناتے ہیں

ڈاکٹر خالد سہیل

اور پھر

اپنی منزلوں کی طرف روانہ ہو جاتے ہیں

اب تو ان محفلوں

اور ان کہانیوں کی

آوازیں اور خوشبوئیں

ڈیرے کے در و دیوار

کھڑکیوں، گاؤ تکیوں

حتیٰ کہ چائے کی پیالیوں میں بھی

گھل مل گئی ہیں

یہ سب محفلیں خضر کی ذات کی وجہ سے ہیں

خضر جو اک شاعر ہی نہیں فلسفی بھی ہے

اور اس بات پر یقین رکھتا ہے

کہ ہر مخلص شاعر، فنکار اور دانشور

در پردہ ایک درویش ہوتا ہے

اور دوسرے درویش صفت انسانوں کی قربت

خواب در خواب

اس کی شخصیت میں نکھار پیدا کرتی ہے

اور تخلیقی صلاحیتوں کو جلا بخشتی ہے

اسی لیے جھیل کے کنارے آباد

آبی پرندوں اور سدا بہار درختوں میں گھرا

اس کا گھر

درویشوں کا ڈیرا بن گیا ہے

جب میں

ان شاعروں، ادیبوں اور دانشوروں

کی محفل کے بارے میں سوچتا ہوں

تو مجھے یوں محسوس ہوتا ہے

جیسے خضر وہ گھنا درخت ہو

جس کے سائے تلے

مسافر آ کر ٹھہرتے ہوں

اور درویشوں کا ڈیرا وہ لائٹ ہاؤس ہو

جس سے بھٹکی ہوئی کشتیاں

ڈاکٹر خالد سہیل

اپنی منزل کا نشان پاتی ہوں

کل شام

مہمان شاعروں، ادیبوں اور دانشوروں سے ملاقات کے بعد

گھر لوٹتے ہوئے

میں سوچ رہا تھا

کہ خوش قسمت ہیں وہ شہر جن میں

خضر جیسے شاعر بھی ہوں

اور اس کے گھر جیسے

درویشوں کے ڈیرے بھی

------------------------------

میں جب بھی درویشوں کے ڈیرے پر جاتا ہوں

ایک فکر انگیز خیال

ایک تازہ جذبے

یا ایک نئی بصیرت

کا تحفہ لے کر آتا ہوں

ایک شام جب میں اس ڈیرے پر گیا

تو کیا دیکھتا ہوں کہ وہاں

خضر کے زمانۂ طالبعلمی کے دوست جمع تھے

وہ دوست جن کے ساتھ اس نے تخلیقی سفر کا آغاز کیا تھا

وہ اس دور کا ذکر کر رہے تھے جب وہ

یونیورسٹی کے طلبا و طالبات ہوا کرتے تھے

ان کی روحوں میں جوش و خروش تھا

اور ان کے دلوں میں

جوانی اور آئیڈیلزم کے شعلے بھڑکا کرتے تھے

ان میں

ہر ناانصافی کے خلاف

اور ہر مظلوم کے حق میں

آواز اٹھانے کا حوصلہ تھا

انہیں زندگی سیاست اور فن

کے رازوں کو جاننے کی خواہش

دیوانہ کیے دیتی تھی

اس دور میں

یونیورسٹی کے سب ادیب اور شاعر

فلسفی اور موسیقار

یکجا ہو کر اپنے فن کا مظاہرہ کیا کرتے تھے

لیکن یہ دور مختصر نکلا

جونہی طالبعلمی کا دور ختم ہوا

اور ان نوجوان فنکاروں نے

عملی زندگی میں قدم رکھا

حقائق اور ذمہ داریوں کے پتھروں نے

ان کے خوابوں کے شیش محل

چکنا چور کر دیے

وہ کئی گروہوں میں بٹ گئے

پہلے گروہ نے

والدین اور رشتہ داروں کے دباؤ تلے

روایتوں کی زنجیریں اپنے پاؤں میں ڈال لیں

شادیاں کیں، بچے پیدا کئے، گھر بسائے

اور خاندانی زندگی کی الجھنوں میں کھو گئے

ان کی روز مرہ کی زندگی

اتنی مصروف ہو گئی کہ انہیں

موسیقی سننے

افسانے پڑھنے

یا غزلیں گنگنانے کی فرصت نہ ملتی

ان کی فنی صلاحیتوں کے محل کو

روایتی زندگی کی دیمک نے

اندر سے کھوکھلا کر دیا


دوسرے گروہ کے فنکاروں کی آنکھوں کو

دولت کی چکاچوند نے خیرہ کر دیا

انہیں اندازہ ہو گیا

کہ فنکار اکثر اوقات

غربت کی زندگی گزارتے ہیں

وہ خوابوں کا کاروبار کرتے ہیں

اور اس عہد میں

خوابوں کے خریدار بہت کم ہیں

چنانچہ انہوں نے

دفاتر اور بینکوں میں افسری کی

گاڑیوں اور سپر مارکٹوں کا کاروبار کیا

عالی شان گھر بنائے

اور پھر ان گھروں کی دیواروں پر

قیمتی پینٹنگز

اور اپنی الماریوں میں

ادیبوں اور شاعروں کی نایاب کتابیں سجائیں

لیکن نہ تو کبھی

ان پینٹنگز کے خالقوں سے ملاقات کی

اور نہ ہی کبھی

ان کتابوں کو پڑھا

ان کی تخلیقی صلاحیتوں کی فصل کو

دولت کے سیم اور تھور نے

تباہ و برباد کر دیا


تیسرے گروہ کے فنکاروں کے فن کو

شہرت کے ناگ نے ڈس لیا

ان میں مقبولیت کی خواہش اتنی بڑھی

کہ انہوں نے

اپنے تخلیقی معیار کو

عوام کی پسند کی بھینٹ چڑھا دیا

وہ سستے ناول

ڈاکٹر خالد سہیل

اور گھٹیا درجے کے کالم

لکھنے لگے

ان کا سماجی قد جتنا بڑھتا رہا

ان کا ادبی قد اتنا ہی گرتا رہا

اصحابِ نظر نے انہیں

تیسرے درجے کا فنکار جانا

اور کہا کہ

ان فنکاروں نے

عوام کا ذوق نکھارنے کی بجائے

اپنا ذوق تباہ کر لیا ہے


چوتھے گروہ کے فنکار ایسے بھی تھے

جو اپنے ماحول اور نظام کے ساتھ

اتنی شدت سے ٹکرائے

کہ ان کی شخصیت پارہ پارہ ہو گئی

اور وہ

زندگی کا توازن قائم کرنے کی کوشش میں

اپنا ذہنی توازن کھو بیٹھے۔

وہ عوام کا ذوق کیا سنوارتے

وہ اپنا ذوق ہی کھو بیٹھے


اس شام مجھے احساس ہوا

کہ خضر ان معدودے فنکاروں میں سے ایک ہے

جنہوں نے

روایت، دولت اور شہرت

سے بے نیاز ہو کر

اپنا فن تخلیق کیا

اپنی دھن میں مگن رہے

اور درویشانہ زندگی گزارتے رہے

وہ کچھوے کی چال چلتے رہے

ڈاکٹر خالد سہیل

لیکن منزل نے خود آکر

ان کے قدم چومے

عوام نے ان کی عزت کی

اصحابِ نظر نے ان کا احترام کیا

اور ان کی تخلیقات نے

انسانی زندگی کے ارتقا میں

ایک اہم کردار ادا کیا

اس شام مجھے احساس ہوا

کہ خضر ایسے ہی فنکاروں میں سے ایک ہے

اور اس کا گھر

ایسے ہی درویشوں کا ڈیرا ہے۔

## ۶۲۔ خواب دیکھنے والے

وہ ایک ایسی بستی میں پیدا ہوا تھا

جہاں

خواب دیکھنے والوں کو

یا تو سنگسار کر دیا جاتا تھا

یا سولی پر چڑھا دیا جاتا تھا

اور پھر

بستی کی گلیوں، بازاروں اور چوراہوں پر

ان کے بت سجا دیے جاتے تھے

وہ سوچا کرتا

کہ یہ جانتے ہوئے کہ وہ

یا تو سنگسار ہو جائیں گے

یا سولی پر چڑھا دیے جائیں گے

وہ اپنے خواب

ڈاکٹر خالد سہیل

دوسروں کو کیوں سناتے ہیں
وہ جب بھی کسی سے یہ سوال پوچھتا
اسے یہی جواب ملتا
کہ اس بستی میں
خواب دیکھنا ہی جرم نہیں
سوال پوچھنا بھی گناہ ہے
اور وہ خاموش ہو جاتا
اس نے خواب دیکھنے والوں کی
سوانح عمریاں پڑھیں
تو جان گیا کہ ان میں سے
بعض شاعر تھے بعض فلسفی
بعض سائنسدان تھے بعض صوفی
لیکن وہ کسی سے نہ مل سکا
وہ سب بت بن چکے تھے
کبھی کبھار

اس کے دل میں بھی

خواب دیکھنے کی خواہش ابھرتی

پہلے تو وہ گھبرا جاتا

لیکن پھر وہ خواہش

شدت اختیار کرتی گئی

اور وہ دن رات

خواب کا انتظار کرتا رہتا

آخر ایک رات

اس کی خواہش پوری ہو گئی

اس نے خواب میں دیکھا کہ وہ

اپنی پیدائش سے پہلے

اپنی ماں کی کوکھ میں

ایک مچھلی بن کر تیر رہا ہے

اس کے چاروں طرف پانی ہے

وہ پانی بڑھتے بڑھتے پھیلتے پھیلتے

ڈاکٹر خالد سہیل

سمندر بن گیا

اور اس کی ماں

دھرتی ماں بن گئی

اور پھر دھیرے دھیرے

ایک مچھلی سینکڑوں مچھلیوں میں

تقسیم ہو گئی

وہ مچھلیاں

سمندر میں ہنسی خوشی زندگی گزارنے لگیں

لیکن جب انہیں

سمندر میں جزیرے نظر آئے

اور کچھ مچھلیوں نے

جزیروں کی سیر کا خواب دیکھا

تو انہیں

سمندر کی وسعت محدود محسوس ہونے لگی

چنانچہ چند مچھلیاں

پانی سے باہر کود گئیں

اور کچھوے بن گئیں

وہ کچھوے جزیروں پر سیر کرنے لگے

پھر دیکھتے ہی دیکھتے وہ کچھوے

دو اور چار پیروں پر چلنے والے

جانور بن گئے

اور وہ جزیرے

جنگلوں میں بدل گئے

ان جنگلوں میں

وہ جانور ہنسی خوشی رہنے لگے

لیکن پھر انہوں نے

درخت اور پہاڑ دیکھے

اور بعض جانوروں نے

اڑنے کے خواب دیکھے

تاکہ وہ

ڈاکٹر خالد سہیل

درختوں کی شاخوں

پہاڑوں کی چوٹیوں پر بیٹھ سکیں

پہلے وہ اچھلے کودے

اور پھر اڑنے لگے

ان کے بازو پر بن گئے

بعض پرندوں نے

چاند سورج اور ستاروں کو

گلے لگانے کا خواب دیکھا

ان کی پرواز

بلند سے بلند تر ہونے لگی

آخر وہ ہواؤں سے سرگوشیاں کرنے لگے

اور پھر بادل بن کر اڑنے لگے

ہنسی خوشی

آسمانوں کی سیر کرنے لگے

لیکن پھر ان کا دل

**خواب در خواب**

اپنی زمین

اپنی دھرتی ماں کے لیے

اداس ہو گیا

وہ آنسو بہانے لگے

اور بارش ہونے لگی

جب انہوں نے

پہاڑوں کی چوٹیوں کو چھوا

تو وہ برف بن گئے

سرد ہواؤں نے انہیں

برف کے انسانوں (سنو مین) میں بدل دیا

وہ انسان

پہاڑوں پر رہنے لگے

انہوں نے بچے پیدا کیے خاندان بنائے

لیکن جب

بچوں کو سردی میں ٹھٹھرتے دیکھا

ڈاکٹر خالد سہیل

توان کے دل پسیجے

برف پگھلنے لگی

اور وہ

دریا بن کر وادیوں میں اتر آئے

مختلف قبیلوں میں بٹ گئے

دریاؤں کی طرح

ان قبیلوں کے نام رکھ دیے گئے

لیکن نام رکھنے انہیں راس نہ آئے

الفاظ نے ان میں پھوٹ ڈال دی

وہ رنگ و نسل زبان و مذہب

کے خانوں میں بٹ گئے

ایک باپ کی اولاد ہونے کے باوجود

ایک دوسرے کے دشمن ہو گئے

صدیوں تک جنگیں لڑتے رہے

اور پھر ان قوموں میں

خواب در خواب

چند لوگ ایسے پیدا ہوئے

جو خواب دیکھتے تھے

ان میں سے

بعض شاعر تھے بعض فلسفی

بعض سائنسدان تھے بعض صوفی

انہوں نے اپنی قوموں سے کہا

ہم سب کی ابتدا بھی ایک ہے انتہا بھی ایک

ہم نے اپنے سفر کا آغاز

سمندر سے کیا تھا

اور اب ہم سب

رنگ و نسل زبان و مذہب

کے دریاؤں میں بہتے ہوئے

ایک دوسرے سے

ایک دفعہ پھر

انسانیت کے سمندر میں گلے ملیں گے

ہم سب انسان

ڈاکٹر خالد سہیل

ایک دن خدا بن جائیں گے

خواب دیکھنا خداؤں کا شیوہ ہے

لیکن ان قوموں نے

خواب دیکھنے والوں کو

یا تو سنگسار کر دیا

یا سولی پر چڑھا دیا

اور ان کے بت

گلیوں بازاروں اور چوراہوں پر سجا دیئے

آخر وہ دریا

جب سمندر میں جا ملے

تو اسے ایک دفعہ پھر

سینکڑوں مچھلیاں نظر آئیں

یہ وہی مچھلیاں تھیں

جنہیں وہ پہلے بھی دیکھ چکا تھا

وہ سمندر آہستہ آہستہ

سکڑتا گیا چھوٹا ہوتا گیا

خواب در خواب

مچھلیاں غائب ہوتی گئیں

آخر کار

وہ پھر ایک مچھلی بن گیا

دھرتی ماں

اسکی ماں کی کوکھ بن گئی

اسے یوں محسوس ہوا

خدا کے پیدا ہونے کے دن قریب آرہے ہوں

جب اس کی آنکھ کھلی

تو وہ سوچنے لگا

کہ اس کی دیرینہ خواہش تو پوری ہو گئی تھی

اس نے ایک خواب بھی دیکھ لیا تھا

لیکن وہ جانتا تھا

کہ اگر اس نے اپنا یہ خواب

اپنی قوم کے لوگوں کو بتایا

تو اس خواب کی تعبیر کیا ہو گی

جولائی ۱۹۹۶

ڈاکٹر خالد سہیل

# ادھورے خواب

## خالد سہیل

ڈاکٹر خالد سہیل

## ا۔ غزل

تجھ سے سب کچھ کہہ کے بھی کچھ ان کہی رہ جائے گی
گفتگو اتنی بڑھے گی کچھ کمی رہ جائے گی

اپنے لفظوں کے سبھی تحفے تجھے دینے کے بعد
آخری سوغات میری خامشی رہ جائے گی

کشتیاں مضبوط سب بہہ جائیں گی سیلاب میں
کاغذی اک ناؤ میری ذات کی رہ جائے گی

حرص کے طوفان میں ڈھے جائیں گے سارے محل
شہر میں درویش کی اک جھونپڑی رہ جائے گی

چھوڑ کر مجھ کو چلے جائیں گے سارے آشنا
صبح دم بس ایک لڑکی اجنبی رہ جائے گی

رات بھر جلتا رہا ہوں میں سہیل اس آس میں
میں تو بجھ جاؤں گا لیکن روشنی رہ جائے گی

اگست ۱۹۹۷

## ۲۔ غزل

جسم مل جائیں گے لیکن یہ گلہ رہ جائے گا
تیرے میرے درمیاں کچھ فاصلہ رہ جائے گا

سارے رستے ایک دن اندھی گلی بن جائیں گے
اور میرا ہمسفر کچھ سوچ تارہ جائے گا

قتل ہو جائیں گے لفظوں کے سبھی رشتے مگر
خامشی کی کوکھ سے اک رابطہ رہ جائے گا

سونپ دوں گا تجھ کو اک دن ساری نیندیں سارے خواب
میری آنکھوں میں فقط اک رت جگا رہ جائے گا

موت لے جائے گی مجھ کو اور میرے ہونٹ پر
اپنے قاتل کے لیے اک حرفِ دعا رہ جائے گا

ہم نے ایسے خواب دیکھے جو کبھی مرتے نہیں
ہم نہیں خوابوں کا لیکن سلسلہ رہ جائے گا

اگست ۱۹۹۷

ڈاکٹر خالد سہیل

## ۳۔ غزل

دشت میں پھول کھلانے میں بڑی دیر لگی

غیر کو اپنا بنانے میں بڑی دیر لگی

جسم کی بھوک مٹانا تو کوئی بات نہ تھی

روح کی پیاس بجھانے میں بڑی دیر لگی

عمر بھر کی ہے کمائی میرا رشتہ خود سے

ایسا رشتہ کہ نبھانے میں بڑی دیر لگی

عشق کے بوجھ سے دبتے رہے صدیوں ہم تم

بھاری پتھر تھا اٹھانے میں بڑی دیر لگی

رات یوں تھک کے وہ سوئی میرے پہلو میں سہیلؔ

صبح دم اس کو جگانے میں بڑی دیر لگی

ستمبر ۱۹۷۷

## ۴۔ غزل

چاہت کا اک خواب ادھورا رہنے دو

تنہا ہوں میں مجھ کو تنہا رہنے دو

آوازوں کی محفل کے اک کونے میں

خاموشی کا دیپ بھی جلتا رہنے دو

ٹوٹ کے تجھ کو چاہنے کی اس کوشش میں

بکھرا ہوں گر، مجھ کو بکھرا رہنے دو

ہجرت کی منڈی کا سودا، مت پوچھو

کیا کھویا اور کیا ہے پایا رہنے دو

دانائی کا لنگر ہے یہ، مت چھیڑو

درویشوں کا شہر میں ڈیرا، رہنے دو

تعبیروں کے دیس میں شاید جا پہنچوں

نیند میں خالدؔ مجھ کو چلتا رہنے دو

اکتوبر ۱۹۹۷

## ۵۔ غزل

کتنے دریا ہیں جو چڑھتے ہیں اتر جاتے ہیں

اپنے ہی شوق کی شدت سے وہ ڈر جاتے ہیں

اپنی ہر بوند میں اک قوسِ قزح پاتے ہیں

تیری محفل میں جو آتے ہیں سنور جاتے ہیں

مجھ سے ہر ماہ ترے خون کے آنسو پوچھیں

خواب کتنے ہیں جو اس کوکھ میں مر جاتے ہیں

بن کے خوشبو کسی آنگن کو معطر کر دیں

عشق جو ٹوٹ کے کرتے ہیں بکھر جاتے ہیں

جب سمندر کا سفر راس نہ آئے خالدؔ

کسی انجان جزیرے پہ اتر جاتے ہیں

اکتوبر ۱۹۹۷

## ۶۔ غزل

خاموشی سے جلتے رہنا کتنا مشکل ہے
'اپنے آپ سے لڑتے رہنا کتنا مشکل ہے'

باہر باہر سب کی خاطر ہنسنا اور مسکانا
اندر اندر مرتے رہنا کتنا مشکل ہے

شہ راہوں کی آسائش کو تیاگ کے ساری عمر
پگڈنڈی پر چلتے رہنا کتنا مشکل ہے

صدیوں کی زنجیریں کھینچیں پیچھے کی جانب
پھر بھی آگے بڑھتے رہنا کتنا مشکل ہے

اپنے اک آدرش کی خاطر ساری دنیا میں
خالدؔ ہجرت کرتے رہنا کتنا مشکل ہے

جنوری ۱۹۹۸

ڈاکٹر خالد سہیل

۷۔ شعر

اسے ملا ہوں تو احساس یہ ہوا خالدؔ
مرا سفینہ کنارے پہ آلگا خالدؔ

ستمبر ۱۹۹۸

## ۸۔ غزل

بڑھاپے میں دبے پاؤں جوانی لوٹ آئی ہے
کہ جیسے اب فسانے میں کہانی لوٹ آئی ہے

یہ کس کی چاہتوں کی شدتوں نے بند توڑے ہیں
کہ ٹھہرے پانیوں میں اک روانی لوٹ آئی ہے

دیارِ ہجر کے بے رنگ خوابوں کے اس آنگن میں
کسی کی یاد کی اک رت سہانی لوٹ آئی ہے

یہ کس کی قربتوں کا سحر ہے کہ بعد مدت کے
مرے اشعار میں جادو بیانی لوٹ آئی ہے

یہ کس دستِ حنائی نے ہے کی خالد مسیحائی
کہ مردہ خواہشوں میں زندگانی لوٹ آئی ہے

نومبر ۱۹۹۸

ڈاکٹر خالد سہیل

## ۹۔ غزل

دیکھ کے شب کی رسوائی
آنکھ کلی کی بھر آئی

انساں ایسے دریا ہیں
کوئی نہ جانے گہرائی

کم ظرفوں کی دنیا میں
کیا عزت کیا رسوائی

اپنا سب کچھ کھونے سے
پائی ہم نے دانائی

اس کی وفا کا چرچا ہے
خالدؔ جو تھا ہر جائی

نومبر ۱۹۹۸

## ۱۰۔ دو شعر

سنگی ساتھی بچپن کے
خاموشی اور تنہائی
ہم نے پائے ورثے میں
پاگل پن اور دانائی

نومبر ۱۹۹۸

ڈاکٹر خالد سہیل

## ۱۱۔ ابھی تک

ادھورے نقش ہیں تیرے

ادھوری میری تصویریں

ادھورے شعر ہیں میرے

ادھوری ان کی تفسیریں

ادھورے خواب ہیں اپنے

ادھوری ان کی تعبیریں

دسمبر ۱۹۹۸

## ۱۲۔ چاہت

میری جاں کیا تجھ کو خبر ہے

میرے دل کے دروازوں کے سارے تالے

ہجر کے تالے درد کے تالے

ناکامی اور محرومی کے

زنگ آلود پرانے تالے

تیری چاہت کی چابی سے کھل جائیں گے

میری جاں! کیا تجھ کو خبر ہے

میرے دل کی دیواروں کے سارے دھبے

رسوائی کے سنگدلی کے

بدنامی اور پاگل پن کے

نیلے پیلے کالے دھبے

تیری چاہت کی بارش سے دھل جائیں گے

ڈاکٹر خالد سہیل

میری جاں! کیا تجھ کو خبر ہے

تیری چاہت کی چابی سے
سارے تالے کھل جائیں گے
تیری چاہت کی بارش سے
سارے دھبے دھل جائیں گے

جنوری ۱۹۹۹

## ۱۳۔ ایک شعر

نہیں ایسی کوئی بھی رات جس کا
کہیں سورج کوئی نہ منتظر ہو

مئی ۱۹۹۹

## ۱۴۱۔آزادی

پرندے اب رہائی پا گئے ہیں
قفس کی تیلیاں ٹوٹی ہوئی ہیں

جولائی۱۹۹۹

## ۱۵۔ آنکھ مچولی

اداسیوں کے

وہ بادلوں میں

نجانے کب سے

چھپی ہوئی ہے

میں اپنی چاہت

کا چاند لے کر

اسی کا چہرہ

تلاش کرنے

نکل پڑا ہوں

اگست ۱۹۹۹

## ۱۶۔ محبتوں میں

خواب در خواب

محبتوں کے نصاب میں کچھ
بہت ہی مشکل سوال بھی ہیں
جواب بھی ہیں

محبتوں کی شریعتوں میں
کئی کبیرہ گناہ بھی ہیں
ثواب بھی ہیں

محبتوں کے سفر میں خالدؔ
کئی سہانے سے خواب بھی ہیں
عذاب بھی ہیں

دسمبر ۲۰۰

ڈاکٹر خالد سہیل

۱۷۔ تاریک گوشے

سرِ محفل جو ہنستے ہیں وہ تنہائی میں روتے ہیں
محبت کے کئی تاریک گوشے بھی تو ہوتے ہیں

نومبر ۲۰۰۰

## ۱۸۔ غزل

کس قدر ہے عارضی، اس کا یقیں آتا نہیں
عارضی ہے پیار بھی، اس کا یقیں آتا نہیں

کل تلک ہر راہ میں، ہر موڑ پر، ہر خواب میں
تو بھی میرے ساتھ تھی، اس کا یقیں آتا نہیں

زندگی کے بحر میں، وہ دور تک بہتی رہی
ایک ناؤ کاغذی، اس کا یقیں آتا نہیں

چاہتوں کے گیت جن ہونٹوں نے گائے رات دن
ان کو کیسی چپ لگی، اس کا یقیں آتا نہیں

جن نگاہوں میں ہوا کرتی تھی ہر سو روشنی
ان میں اب اک تیرگی، اس کا یقیں آتا نہیں

عشق کی چنگاریوں کو تو ہوا دیتے ہوئے
خود ہی آخر جل بجھی، اس کا یقیں آتا نہیں

ڈاکٹر خالد سہیل

جس تعلق پر ہمیں حد سے زیادہ ناز تھا
اس پہ اب شرمندگی اس کا یقیں آتا نہیں

عشق میں قربان سب کچھ کر دیا پھر بھی سہیلؔ
رہ گئی تھی کچھ کمی، اس کا یقیں آتا نہیں

جون ۲۰۰۱

## ۱۹۔ غزل

ہمارے ہجر کے قصے، ابھی تک سب ادھورے ہیں
تمہارے وصل کے وعدے، ابھی تک سب ادھورے ہیں

ابھی کچھ رنجشیں باقی، ابھی کچھ حسرتیں باقی
محبت پیار کے رشتے، ابھی تک سب ادھورے ہیں

پرانی کھڑکیوں میں اب بھی تازہ پھول رکھے ہیں
کسی کے پیار کے تحفے، ابھی تک سب ادھورے ہیں

ہماری منزلیں خالدؔ، ابھی نظروں سے اوجھل ہیں
ہمارے خواب چاہت کے، ابھی تک سب ادھورے ہیں

اگست ۲۰۰۱

ڈاکٹر خالد سہیل

## ۲۰۔ جدائی کی پانچویں سالگرہ پر

خواب در خواب

وہ میرے دل میں بستی تھی
وہ میرے گھر میں رہتی تھی
وہ میری زندگی میں بھی
مرے ہمراہ چلتی تھی
نجانے اب کہاں ہے وہ
وہ کس کے دل میں بستی ہے
وہ کس کے گھر میں رہتی ہے

مگر جب بھی کوئی بادل
مری چھت سے گزرتا ہے
مرے گھر میں برستا ہے
تو اس کی یاد کی خوشبو
مرے من میں مہکتی ہے

کبھی اس یاد سے دل میں
مسلسل ٹیس اٹھتی تھی
مگر اب میرے ہونٹوں پر
تبسم پھیل جاتا ہے
مرے دل میں کوئی نادان
عاشق
مسکراتا ہے

ڈاکٹر خالد سہیل

## ۲۱۔ تکمیل

تجھے پایا

تجھے کھویا

تجھے کھو کر تجھے پایا

تجھے پا کر تجھے کھویا

تجھے پا کر تجھے کھونے سے میں

تکمیل کی ایسی حدوں کو چھو کے آیا ہوں

جنہیں پہلے کبھی سوچا نہ تھا میں نے

جنہیں پہلے کبھی سمجھا نہ تھا میں نے

جنوری ۲۰۰۳

## ۲۲۔ جہاں ہم ہیں

نہ ماضی کو کوئی دکھ ہے
نہ فردا کو کوئی غم ہے
ہم اپنے حال میں اب مست رہتے ہیں
پرندے چہچہاتے ہیں
ہوائیں مسکراتی ہیں
خوشی کے پھول کھلتے ہیں
رفاقت گیت گاتی ہے
سکوں کے امن کے اور آشتی کے دن گزرتے ہیں
سمندر کے کنارے سیر کو ہر شام جاتے ہیں
سہانے خواب راتوں کو ہمیں ملنے بھی آتے ہیں
ہمیں اب زندگی کی چاہتیں مسحور رکھتی ہیں
محبت کی شرابیں رات دن مخمور رکھتی ہیں
جہاں ہم ہیں

فروری ۲۰۰۴

ڈاکٹر خالد سہیل

تازہ کلام۔۔۔۔۔زندگی کی جو شام آئی ہے۔۔۔۔سات نئے تحفے

## ۱۔ غزل

یہ جو ٹھہرا ہوا سا پانی ہے

اس کی تہہ میں عجب روانی ہے

ایک عورت جو مسکراتی ہے

اس کی غمگیں بہت کہانی ہے

کتنی محنت سے ہم نے حاصل کی

ایسی ہر چیز جو گنوانی ہے

ایک چاہت جو عارضی سی لگے

اس کی تاثیر جاودانی ہے

جو بظاہر نئی سی لگتی ہے

در حقیقت بہت پرانی ہے

جس کو قوسِ قزح کی خواہش تھی

اس کی بے رنگ اب جوانی ہے

اس کو گھر بیٹھ کر گنواؤ گے

شام خالدؔ بہت سہانی ہے

## ۲۔ تھوڑا سا فاصلہ

ایک ہاتھ لیتا ہے

ایک ہاتھ دیتا ہے

اور دونوں ہاتھوں میں

فاصلہ ہے تھوڑا سا

جس کو پار کرنے میں

سر کے کتنے بالوں میں

چاندی گھر بناتی ہے

عمر بیت جاتی ہے

## ۳۔ جوئے شیر

عمر بھر کتابوں میں

زندگی گزاری ہے

ہم نے کتنے لفظوں کی

آبرو سنواری ہے

ساری عمر خوابوں سے

دوستی نبھائی ہے

آگہی کے دامن سے

خامشی چرائی ہے

خامشی نے چپکے سے

راز یہ بتایا ہے

اک عجب کرامت ہے

اپنے آپ پر کھلنا

جوئے شیر لانا ہے

خود پہ منکشف ہونا

ڈاکٹر خالد سہیل

۴۔ انکشاف

خواب در خواب

## انکشاف کا لمحہ

اک حسین لمحہ تھا
بادلوں کے پیچھے سے
جیسے چاند ابھرا تھا
خامشی کے آنگن میں
جیسے شعر اترا تھا
انکشاف کا لمحہ
اک حسین لمحہ تھا
اور وہ حسین لمحہ
ڈھل گیا ہے رازوں میں
بیسیوں سوالوں میں
سینکڑوں جوابوں میں
ان گنت کتابوں میں
بے شمار خوابوں میں
انکشاف کا لمحہ
اک حسین لمحہ تھا

ڈاکٹر خالد سہیل

## ۵۔ عوامی احتجاج

اب عوام تنگ آکر
ظلمتوں سے گھبرا کر
آ گئے ہیں سڑکوں پر
لے کے شمعیں ہاتھوں میں
اپنے اپنے خوابوں کی
لے کے آس آنکھوں میں
اپنی اپنی صبحوں کی
خوش گماں بہت خوش ہیں
بد گماں ڈراتے ہیں

یا تو دودھ کی نہریں
اب بہیں گی گلیوں میں
اور یا غریبوں کے
کتنے خون کے دریا
اب بہیں گے سڑکوں پر
آؤ ہم بھی چلتے ہیں
آؤ دیکھتے ہیں اب
انقلاب آئے گا
یا عذاب آئے گا

# ٦۔ نیا تحفہ

اپنے عرفان کا نیا تحفہ
زیست کی شام لے کے آئی
ہے
ذہن کی جھیل کا جو پانی ہے
اتنا شفاف ہے کہ اب اس پر
آئینے کا گمان ہوتا ہے
اور اس آئینے کے باطن میں
آسماں پر جو چاند روشن ہے
عکس اس کا دکھائی دیتا ہے
آئینہ جو سوال کرتا ہے
عکس اس کا جواب دیتا ہے
ذہن میں جو خیال ڈھلتا ہے
عکس اس میں معانی بھرتا ہے
اس کو حیرت کدہ بناتا ہے
میری خالد ہے کتنی خوش بختی
اپنے عرفان کا نیا تحفہ
زیست کی شام لے کے آئی ہے

## ۷۔ نامکمل خط

دل مرا ایک کورا کاغذ ہے
جس پہ اب ایک نامکمل خط
کتنی چاہت سے تم نے لکھا ہے
زندگی کی جو شام آئی ہے
اور میں سوچتا یہ رہتا ہوں
اس سے پہلے کہ خط مکمل ہو
میں یہاں سے چلا ہی جاؤں گا۔

(459)

ڈاکٹر خالد سہیل

(460)

# تاثرات

خواب در خواب

(461)

ڈاکٹر خالد سہیل

(خالص ذاتی تاثر)

# "ماڈرن درویش یا معمہ؟"

جاوید دانش (کینڈا)

کردار نگاری میرا محبوب مشغلہ ہے، مگر یہ کردار میرے ڈراموں کے مرد و زن ہوتے ہیں، جن کی حرکات و سکنات کی ڈور میرے ہاتھ میں ہوتی ہے! کبھی مجھے ان معصوم یا مظلوم کرداروں پر پیار آتا ہے، کبھی جھنجھلاہٹ ہوتی ہے اور کبھی کبھی غصہ بھی آجاتا ہے۔۔۔ جس کا ردعمل ان کے مکالمات میں جھلکتا ہے! مگر بنیادی طور پر اپنی تمام تر خود مختاری کے باوجود میری کوشش یہ ہوتی ہے کہ ان کرداروں کو زیادہ سے زیادہ حقیقی تخلیق کیا جائے۔

اس کے برعکس خاکہ نگاری سے میں گریز کرتا ہوں، کیونکہ نہ کسی کا کردار میرے بس میں ہے نہ ہی کسی کی من و عن شبیہ کاغذ پر پوری ایمانداری سے اتاری جاسکتی ہے۔ اول تو لوگ سو فیصد سچائی سے خوش نہیں ہوتے، دوم لوگ اگر خوش ہو بھی جائیں تو جس کا خاکہ لکھا گیا ہے وہ خاکہ نگار سے برہم ہو جاتا ہے یعنی خاکم بدہن۔ خصوصاً دوست کا خاکہ یا کسی ہم عصر ادیب کا خاکہ لکھنا۔ "آ بیل مجھے مار" کے مترادف ہے!

پھر بھی آج میں ایک دوست کا خاکہ رقم کرنے کی جسارت کر رہا ہوں جو نہ صرف مجھے عزیز ہے بلکہ ہر دل عزیز تصور کیا جاتا ہے۔ اپنے پیشے میں کامیاب اور زندگی سے مطمئن بھی ہے۔ آپ ایسے کتنے لوگوں کو جانتے ہیں جو اس دور میں اپنے "پیشے اور زندگی" دونوں سے مطمئن ہوں؟

ہم لوگوں کے اشتراکی دوست اشفاق حسین نے ۸۴ء نیویارک کے ایک مشاعرے میں، مجھ سے تعارف کراتے ہوئے کہا، دانش! آپ ہیں خالد سہیل، جنہیں تم تلاش کررہے تھے۔۔۔اور سہیل! بھئی یہ ہیں دانش، جنہیں تم پوچھ رہے تھے۔'' ہم لوگ بڑی گرم جوشی سے بغلگیر ہوئے۔ سہیل مجھے پہلی نظر اور پہلی ملاقات میں ہی بہت اچھا لگا!

چہرے پر والہانہ طور پر بے ترتیب داڑھی، بڑے بڑھے گھنگریالے بال، جنہیں کا کل کہنے کو جی چاہے، روشن گہری آنکھیں، ساتھ ہی مقناطیسی حد تک پر کشش مسکراہٹ، مستانہ انداز مگر ڈھیلی ڈھالی چال (جس سے موصوف کی کج روی کا اندازہ ہو رہا تھا) چہرے اور داڑھی سے نظریں ہٹیں تو نگاہ قیمتی سوٹ اور اطالوی ریشمی ٹائی کی چست گرہ پر اٹک گئی۔ ایسالگ میں دو مختلف تصویروں کو ساتھ دیکھنے کی کوشش کررہا ہوں Intellectual سہیل پر پتہ نہیں کیوں، اس وقت یا اس مشاعرے میں سوٹ کچھ جچ نہیں رہا تھا۔ حالانکہ اردو والوں نے ادیب اور افلاس کو لازم وملزوم قرار دے رکھا تھا، مگر میں نے اپنے لاشعور سے اس سچ کو نکال پھینکا ہے۔ میں تو بس سوٹ کی جگہ قیمتی Raw Silk یا کھدر کے کرتا پاجامے میں ادیب یا فنکار کو زیادہ Romantic تصور کرتا ہوں۔ پھر وہ ادیب ہو، داڑھی بردار بھی ہو اور درویش نما بھی! دھیمے لہجے میں ناپ تول کر بات کرنے کے انداز نے دوبارہ مجھے اپنے دام میں گھیر لیا تھا۔ گفتگو کے دوران مجھے لگ رہا تھا کہ اس شبیہ کو میں نے پہلے کہیں دیکھا ہے۔ پھر میں خود مسکرا دیا، سہیل کے چہرے پر مجھے اپنا عکس نظر آ رہا تھا۔ اس پر آشوب دور میں خاکسار نے مجھے والہانہ طور پر داڑھی اور حسنِ اتفاق سے اپنے گھنگریالے بالوں کی خوب خوب پرورش کر رکھی تھی۔ ہائے کیا دن تھے! سہیل سے نہ صرف دوستی مضبوط ہوئی بلکہ میں نیویارک چھوڑ، ٹورانٹو آن بسا! ایک دوسرے کے قریب آنے سے طرفین کو سمجھنے کا موقع

ملا، یہ بھی عجیب اتفاق ہے کہ آج تک سہیل کو لوگ میرا بھائی تصور کرتے ہیں۔ حالانکہ ہم دونوں کے مزاج اور نقطہ نظر میں زیر زبر کا فرق ضرور ہے مگر ہماری دوستی اور ادبی Commitment اپنی جگہ مسلم ہے۔

خالد سہیل کے چاہنے والوں کی فہرست خاصی طویل ہے (جس میں عورتوں کے ووٹ زیادہ ہوں گے) اتنی ہی طویل فہرست ان لوگوں کی ہے جو موصوف کو، ایک معمہ، سمجھتے ہیں۔ ایسے لوگ بھی بہت ہیں جو کسی مصلحت کے بنا سامنے جی حضوری کرتے ہیں اور پیچھے اس کی خوب ہنسی اڑاتے ہیں۔ ایسے دوست بھی ہیں جو (مذاقاً سہی) مگر ادب کے ساتھ حضور کو ''پیر یا گرو'' کہتے ہیں، اور ایسا گروہ بھی موجود ہے جو سہیل کے بے باک قلم کو ''فحش نگار'' اور اسے ''پلے بوائے'' کہہ کر اپنے پروگراموں میں بلانے سے گریز کرتے ہیں۔ نیم ملاؤں یا نیم ادیب حضرات (پورا ادیب اس شہر بے مثال میں عنقا ہے) کی بے اعتنائی سے مکمل اور صحت منداور ادیب و شاعر خالد سہیل کی شخصیت اور صحت پر کوئی اثر نہیں پڑا۔ کامیاب ماہر نفسیات اور بے باک قلمکار سہیل ہر ایک سے مسکرا کر پیش آتا رہا ہے۔ ہو سکتا ہے یہ ہنر اس نے نفسیات کی بھاری بھر کم کتابوں سے سیکھا ہے۔ یہاں میں اس کے ادبی قد کا تجزیہ نہیں کر رہا (اب ہمارے اساتذہ اور نقاد حضرات کو بھی تو کچھ کرنا ہے) نہ ہی سہیل کی شخصیت کی دبیز پرتوں سے پردہ اٹھانے کی ناکام کوشش کر رہا ہوں (یہ ہنر تو کسی Analyst کا پراجکٹ ہے)۔

میں صرف سہیل کی Multi Dimensional شخصیت کی چند جھلکیاں دکھانے کی کوشش کر رہا ہوں:

1991ء فروری میں، جاپان کا سفر کرتے ہوئے اور "مزید آوارگی"، رقم کرتے ہوئے، پھر جاپانی مسکراہٹ، حلیمی اور انکار نہ کر سکنے کی ادا وغیرہ کے مطالعہ کے دوران مجھے سہیل کی یاد بے اختیار آئی۔ جاپانی مسکراہٹ اور حلیمی سارے عالم میں مشہور ہے۔ ساتھ ہی جاپانیوں کی وضع داری میں کسی کو "نہیں" یا انکار نہ کر سکنے کی ادا بھی عجیب و غریب ہے۔۔۔ سہیل کے بزرگ گو کشمیر جنت نظیر سے اٹھ کر زندہ دلانِ لاہور میں شامل ہوئے تھے مگر خالد سہیل روحانی طور پر لگتا ہے جاپانی ہے۔ اس کے رکھ رکھاؤ میں حلیمی بھی ہے اور شاز و نادر ہی کسی کو "نہیں" کہتا ہے۔ جاپانیوں کی طرح وہ "انکار" کو ہاں اور نہیں کے درمیان رکھتا ہے۔ مزے کی بات یہ ہے کہ سہیل کسی طور لکھنوی طرز کا وضع دار نہیں ہے۔ نہ ہی اپنے اصولوں اور نقطہ نظر کے معاملے میں سمجھوتہ کرتا ہے، مگر مسکراہٹ اور متانت کے طفیل اکثر اس کے خیالات سے اتفاق نہ کرنے والے بھی کم از کم اس کے سامنے متفق نظر آتے ہیں۔

خالد سہیل خود ساختہ انسان ہے۔ والدین نے اسے (ہر دیسی پیرنٹ کی طرح) بڑے چاؤ سے ڈاکٹر بنایا تھا کہ سماجی status کے ساتھ خدمت خلق کرتا رہے، مگر سہیل ڈاکٹر کے ساتھ ساتھ بن گئے ادیب و شاعر (جس پر ہمارے والدین آج بھی بہت فخر محسوس نہیں کرتے) یہ اور بات ہے کہ خدمت خلق وہ نفسیات کے میدان میں کر رہا ہے۔ طبیعت کی شوخی اور بزلہ سنجی اس میں بدر جہ اتم موجود ہے اور فطرت میں تجسس کوٹ کوٹ کر بھرا ہوا ہے۔ وہ ہر وقت کچھ نیا کرنے اور سیکھنے پر آمادہ رہتا ہے۔ نفسیات گو اس کا پیشہ ہے مگر فلسفے سے اس کا لگاؤ گہرا ہے۔ وہ کسی بھی مذہب کے مذہبی عقیدے کو نہیں مانتا ہے اور اپنی طرز کا Atheist ہے مگر کھلے طور پر کسی مذہب کی مذمت بھی نہیں کرتا کہ کسی کی دل آزاری نہ ہو۔ حالانکہ اس کی کچھ تحریریں کچھ لوگوں کو گراں گزرتی ہیں۔ وہ کسی محدود کلیئے یا کسی

ڈاکٹر خالد سہیل

ازم یا مکتب فکر سے بے نیاز اور لاپرواہ، خود میں مگن ہے، خود ہی سے سرشار بھی رہتا ہے، سہیل ان مسافروں میں سے ہے جو آزمودہ شاہراہوں کو چھوڑ کر ٹوٹی پھوٹی مگر نئی پگڈنڈیوں سے ہوتا اپنی منزل خود متعین کرتا ہے۔ وہ انسان اور کائنات کے درمیان ایک نئے تخلیقی رشتے کی تلاش میں سرگرم عمل ہے۔ وہ خود کو Mystical کہلانا پسند کرتا ہے۔ اور روحانیت پر یقین رکھتا ہے مگر جسم (صنف مخالف کا) بھی عزیز رکھتا ہے۔ اس کی منظوم تحریریں اور افسانے اس کی غمازی کرتی ہیں۔ اس کی سہلیوں (Girl Friends) کی فہرست طویل ہوا کرتی تھی، مگر ہمارا ''کنہیا'' اب ''گوری گوپیوں'' میں وہ دلچسپی نہیں لیتا جو آج سے چند برس پہلے ہوا کرتی تھی۔ اس کی طبیعت میں قناعت آچکی ہے۔ بقول شخصے ''مل گیا تو شکر نہ ملا تو صبر !''

اس ماڈرن درویش کو اپنے جذبات پر بے پناہ قابو ہے، کچھ دوست اس بات پر بہت الجھتے ہیں کہ بندہ نہ اپنے غصے کا اظہار کرتا ہے، نہ پسندیدگی کا، نہ ہی خوشی اور وارفتگی کا۔ معاملہ جو بھی وہ بڑی خندہ پیشانی سے اپنی مسکراہٹ کی سحر سے بات نظرانداز کر دیتا ہے۔ بہت کم لوگوں نے اسے دل گرفتہ یا رنجیدہ اور اداس دیکھا ہوگا۔ نہ ہی محفلوں میں بے اختیار قہقہہ لگاتے دیکھا ہوگا۔ یوں تو اس کی شخصیت میں بہت توازن ہے، مگر شاذ و نادر ہی میں نے اس کی پیشانی پر شکنیں دیکھی ہیں۔ کبھی کوئی بات ناگوار خاطر گزری تو ایک لمحے کیلئے چہرے پر ایک رنگ آتا ہے، پھر خاموشی ہوتی ہے۔ مگر دوسرے لمحے وہ پھر نارمل ہوتا ہے۔ کبھی کبھی ایسا لگتا ہے کہ نفسیات کی طبع آزمائی وہ جتنی اپنی ذات پر خود کرتا ہے دوسروں پر کم کرتا ہوگا۔ میرے نزدیک اپنا تجزیہ آسان نہیں، یہ اس کا بڑا پن ہے۔ بنیادی طور پر سہیل سادہ لوح اور آزد منش ہے۔ اس کی رنگین مزاجی اپنی جگہ۔ گھر کی صفائی اور خود کی دیکھ بھال کے علاوہ زندگی کے ہر معاملے میں خود کفیل ہے۔ وہ گرہستی کی ضرورتوں اور خواہشوں سے ماورا ہے۔ اس میں کاہلی

کا عنصر اور طبیعت کا رجحان بھی شامل ہے۔ راسپوتین اور ''میرا جی (یہاں اشارہ میرا جی کی طرز تحریر نہیں، ان کی بود و باش اور طرز زندگی کی طرف ہے) اس کے محبوب فنکار ایسے ہی تھوڑی ہیں؟

سہیل ایک Non Conformist ہے ''روایت شکنی اس کا شیوہ ہے۔ مگر کبھی کبھی روایت شکنی اس کی تحریر کو کھردرا بھی بنادیتی ہے، اور زبان کی چاشنی کی کمی کھٹکتی ہے۔۔۔ یا منظومات میں شعریت کی جگہ Statement کا احساس ہوتا ہے، مگر اس سے انکار نہیں کیا جاسکتا ہے کہ سہیل کے یہاں تازہ دم خیالات اور موضوعات کی پر زور لہریں بند توڑ کر گزرتی محسوس ہوتی ہیں، جو اس کا اپنا اسلوب بیان ہے۔ یہ ساری کج کلاہی اس کی تحریر کا حصہ ہیں۔ ذاتی زندگی اور روزانہ کے معمول میں اس نے سادگی برقرار رکھی ہے، یعنی کوئی اس سے اتفاق نہ کرے تو وہ عموماً خاموش رہتا ہے۔ آج سے دس برس پہلے شاید وہ کسی کو نہ بخشتا ہو، کیونکہ اس کی پرانی تحریریں میں کاٹ نظر آتی ہے۔ اس کا ذہن صاف اور نقطہ نظر اس کی تحریروں میں واضح طور پر نمایاں ہے۔ وہ انسان دوست ہے اور خود
کو Humanist کہلانا پسند کرتا ہے۔ وہ تنقید سے پرہیز کرتا ہے، کسی کو شاذ و نادر ہی اپنی رائے دیتا ہے، شاید یہ ایک ماہر نفسیات کی عملی صورت حال ہو۔ ہاں اسے سب سے زیادہ بوریت اس وقت ہوتی ہے۔ جب دوست یار شتہ دار اس سے محفلوں یا اس کے دفتر کے باہر نفسیاتی مشورہ مانگتے ہیں۔ بہت قریبی دوستوں کو (جو انگلی پر گنے جاسکتے ہیں) کوئی رائے دینا ہو تو تقریر کرنے یا فتویٰ دینے کے بجائے بہت سمجھا کر اپنائیت سے خط لکھتا ہے اور قابل قدر مشوروں سے نوازتا ہے، وہ بہت کم کسی کی برائی کرتا ہے یا کسی کو برا کہتا ہے۔ ایک زمانے میں بحث و مباحثہ اس کا محبوب مشغلہ تھا۔ اب وہ کسی سے بحث کرنے میں کتراتا ہے۔ حالانکہ وہ اپنی تحریروں کا تجزیہ دو ایک قریبی دوستوں سے کرواتا ہے اور کبھی کبھی ان کے مشوروں کو

مانتا بھی ہے مگر عموماً وہ تنقید پسند نہیں یا برداشت نہیں کر سکتا ہے مگر وہ نقاد کو کبھی یہ ظاہر نہیں کرتا کہ وہ ان کی بات کو ناپسند کر رہا ہے۔

سہیل بدرجہ اتم Practical Man ہے۔ وہ خواب بھی حقیقی دیکھتا ہے Fantasy پر یقین نہیں رکھتا۔ رشتوں کی روایتی زنجیر سے نہ صرف آزاد ہے، بلکہ رفاقت کو اس نے نیا انداز عطا کیا ہے، اپنی فیملی کی جگہ اس نے اپنے پسند کی extended family کا انتخاب کیا ہے۔ مخلص ہونے کے باوجود قربت کے طلسم سے بیگانہ ہے۔ اپنے جذبات، احساسات اور رفاقت کو وہ اپنے طور پر برتتا ہے۔ کچھ لوگ اس رویے کو سرد مہری کا نام دیں گے مگر سہیل کو ایسی سرد مہری اور اس کے اظہار میں کوئی جھجھک محسوس نہیں ہوتی ہے۔ مزے کی بات یہ ہے کہ وہ اپنی سرد مہری یا احساسات کو نقاب لگانے کے بجائے اپنی تمام تر Irony کے ساتھ پیش کرتا ہے۔

اس کے افسانوں زندگی معاشقوں اور Commitment کو، ہم عصر رشک اور حسد کے ملے جلے جذبے سے دیکھتے ہیں۔

اس کی تمام تر بغاوت، کج روی اور روایت شکنی کو لوگ چاہے جو لیبل لگائیں، مگر عام جوان کیلئے ایسی طرز زندگی Fantasy کا درجہ رکھتی ہے، مگر کتنے ہیں جو اس Fantasy کو حقیقت کا پیراہن پہنا سکتے ہیں۔ روایت شکنی نے ایک طرف سہیل کو منفرد لہجہ اور شناخت عطا کی ہے تو دوسری طرف تنہائی کا کرب بھی عطا کیا ہے وہ محفل میں رہ کر بھی تنہا ہے!

وہ اپنی انتہا پسندی میں بھی ایک مومن کا سا خلوص رکھتا ہے۔ جس کام میں ہاتھ لگاتا ہے اسے عبادت کی سی عقیدت کے ساتھ پورا کرتا ہے۔

مجھے آج تک ایسا کوئی ادیب یا شاعر نہیں ملا جو لکھنے پڑھنے میں سہیل جیسا سلیقہ شعار اور Organise ہو ہر کسی کو یہ حیرت ہوتی ہے کہ اس میں اتنی Energy کیوں کر ہے کہ وہ افسانہ نگاری، شاعری، سفر نامے، تراجم، ڈائری، مضامین، ساتھ ہی نئی کتابوں کی خریداری اور مطالعہ، خطوط کے جواب۔ فوٹو گرافی اور تصویروں کو قاعدے سے البم میں سجانا (جن کی تعداد پچاس سے کم نہیں) دنیا بھر کی سیر وسیاحت، مختلف ممالک میں سیمناروں میں حاضری، مشاعروں اور نثری محفلوں میں حصہ لینا۔ پرانے محبوبوں کی دلجوئی (اب یہ سلسلہ فون پر ہوتا ہے) نئے محبوب کے ساتھ لئے پھرنا۔ دوستوں سے ملنا، فلم دیکھنا اور انہیں لے کر نئے نئے ریستوران جانا (کھانا پکانا اور گھر میں کھانے پر یقین رکھنا) دوستوں کو لکھنے اور مطالعہ پر اکسانا، بازار اور Mall میں خواہ سوٹ خریدنا ہو یا پنسل بڑے شوق سے آوارگی کرنا اور بڑے چاؤ سے آئیس کریم کھانا۔ بڑی پھرتی اور مہارت سے ریکٹ بال کھیلنا اور ان تمام عوام کے دوران، جب جہاں موقع ملے چند منٹوں کے لئے سو جانا (رات کی نیند کے علاوہ) اور روزانہ علی الصبح (عبادت گزار کی طرح) اٹھ کر کچھ نہ کچھ لکھنا اور بغیر ناشتہ کئے اسپتال (دفتر) ایسے للک کے ساتھ جانا، جیسے بچے خوشی خوشی پارک جاتے ہیں۔ ہر کوئی یہ سمجھنے سے قاصر ہے کہ اس انسان نما معمے کے پاس اتنا کچھ کر لینے کا وقت کیسے ملتا ہے۔ اس کی زود گوئی Commitment اور Energy پر دوستوں کو حیرت اور رشک ہوتا ہے۔ بقول شخصے ''جتنی کتابیں سہیل نے تخلیق کی ہیں، اتنے خطوط ہم نے نہیں لکھے۔۔۔!

یہی کتابیں جن کی تعداد درجن سے اوپر ہیں، کم نہیں، اس کی زندگی، اس کی (اب تک کی) اولادیں ہیں۔ خالد سہیل آج تک مجرد زندگی گزارنے میں یقین رکھتا ہے۔ آگے کی کس کو خبر شادی کر بھی لے، تو شاید اولاد کی ذمہ داری قبول کرنا اس کے بس کی بات نہیں۔ وہ چاہتا بھی نہیں۔ مگر بچے اسے دوسروں کے پسند ہیں۔ وہ دوستوں اور بہن کے بچوں پر جان دیتا ہے۔

میں سمجھتا ہوں سہیل کے اندر ایک ہمکتار ہوا بچہ آج بھی موجود ہے۔ یہی اس کی مسکراہٹ اور اس کی طبیعت کی تجسس کا راز ہے۔ وہ مسلسل اپنی تلاش میں سر گرم عمل ہے!

خالد سہیل کے ادبی قد کا تعین وقت کرے گا۔ مجھے یہ معلوم ہے کہ اس کا انسانی وجود معتبر ہے۔ دوستوں کے لئے اور اس کے مریضوں کے لئے بھی میرا تجربہ ہے کہ۔

آپ سے جھک کے جو ملتا ہو گا

اس کا قد آپ سے اونچا ہو گا!

## آؤ! ڈاکٹر خالد سہیل کو ڈھونڈیں ... خاکہ

### مرزا یاسین بیگ

ڈاکٹر خالد سہیل کی تحریر کردہ کتابوں کی طویل فہرست دیکھتا ہوں تو ایسا لگتا ہے کہ یہ دو سو سال سے متواتر لکھ رہے ہیں مگر جب انھیں اپنے سامنے دیکھتا ہوں تو ان کی عمر ایک کتابچے جتنی لگتی ہے۔ آج کل لوگوں کے اندر جتنا زہر بھرا ہے، خالد سہیل کے اندر اتنا علم بھرا ہے۔ یہ مرد ہو کر عورت سے زیادہ بے صبرے ہیں۔ عورت نو ماہ میں بچہ جنتی ہے، یہ چھ ماہ میں ہی کتاب جنتے ہیں اور اکثر جڑواں بھی۔ کوئی بھی بچہ ماں کے پیٹ سے پڑھ لکھ کر پیدا نہیں ہوتا مگر ان کی ہر کتاب پڑھی لکھی ہوتی ہے اور پیدا ہوتے ہی قدر دان اسے گود لے لیتے ہیں۔ ان کی لائبریری میں اگر ان کی کتابوں کی طرف سے دیکھنا شروع کیا جائے تو کسی اور کی لکھی کتاب تک پہنچنا مشکل ہو جاتا ہے کیونکہ جہاں آپ ان کی آخری کتاب تک پہنچتے ہیں، ایک اور نئی کتاب شائع ہو جاتی ہے۔ سمجھ میں نہیں آتا کہ یہ دن بھر بلکہ رات گئے تک تو ہم سب کے ساتھ ہوتے ہیں پھر اتنی کتابیں کیسے لکھ لیتے ہیں؟ یہی شک ان کی ڈیٹنگ کی طرف بھی جاتا ہے۔ یہ شہر کا واحد آدمی ہے جو سیل فون نہیں رکھتا مگر قیاس آرائیوں کے مطابق کئی گرل فرینڈز رکھتا ہے۔

ڈاکٹر خالد سہیل

خالد سہیل نے شاعری سے لے کر افسانے، ناولٹ، نظمیں، مضامین، انٹرویوز، مزاح، تحقیق غرض یہ کہ ہر صنف کو پر کھا ہے یہاں تک صنفِ نازک کو بھی۔ ان کے رومانی افسانوں کی عورت اکثر ان کی اپنی محبوبہ ہوتی تھی۔ ہر رومانس کے بعد ایک افسانہ لکھنا ان کی ہابی تھی۔ اسی لئے رومانس میں ٹھہرے رہنا یہ ادبی بددیانتی سمجھتے تھے۔

بطور ثبوت میں ان ہی کا ایک قطعہ پیش کر دیتا ہوں

جام چھلکے ہیں میرے ذہن کے میخانوں میں

خواہشیں سلگیں مرے قلب کے تہہ خانوں میں

تیرے ہر رنگ نے یوں گھیر لیا ہے مجھ کو

اِک دھنک پھیل رہی ہے میرے افسانوں میں

پچھلے چند سالوں سے ان کے افسانوں میں کمی آئی ہے وجہ آپ خود سمجھ لیں۔ میں تو خوش ہوں ڈاکٹر صاحب میں ٹھہراؤ آ گیا ہے، اب ہم افسانے لکھ سکتے ہیں۔

ڈاکٹر خالد سہیل کی سماجیات، سیاسیات اور نفسیات پر لکھی گئی کتابیں بھی اردو ادب کا سرمایہ ہیں۔ پاکستان، ہندوستان سمیت دنیا بھر میں ان کے ہزاروں پڑھنے والے موجود ہیں۔ بعضے ایسے بھی ہیں جو انھیں چومنے کی خواہش میں ان کی کتابوں کا بوسہ لیتے رہتے ہیں۔ یہی وجہ ہے کہ میں خالد سہیل سے کہتا ہوں کہ آپ کے پاس ای میل کی کمی ہے نہ فیمیل کی۔ ان کی تحریر میں ایسی کشش ہے کہ اکثر لوگ انھیں پڑھ کر اپنے دقیانوسی نظریات سے ہاتھ دھو

خواب در خواب

بیٹھتے ہیں۔ ڈاکٹر صاحب کی گفتگو اور تحریر علم کی بھوک بڑھا دیتی ہے۔ جو ایک بار انھیں پڑھ لے، انھی کا ہو کر رہ جاتا ہے، چاہے شادی شدہ ہو یا مولوی۔

خالد سہیل شاعر اور ادیب ہونے کے باوجود بہت آرگنائزڈ اور وقت کے پابند ہیں۔ کبھی اپنے مریض کو اپنا شعر نہیں سناتے، نہ ہی کسی دوست کو مفت کی دوا یا دعا دیتے ہیں۔ ہر ادبی تقریب میں ایسے جاتے ہیں جیسے اپنے کلینک پر جا رہے ہوں مگر یہ کبھی نہیں ہوا کہ غزل کی جگہ دوا کی پرچی پڑھ دی۔ اتنے صحت مند ماہرِ نفسیات ہیں کہ بھیڑ میں بھی اپنے مریض اور قاری کو پہچان لیتے ہیں۔ ''انسان دوست'' ایسے کہ ہر نظریئے اور نظر آنے والی شئے کو گلے لگانے میں عار محسوس نہیں کرتے ہیں۔

خالد سہیل نے ہر کام کیا ہے سوائے شادی کے۔ شاید انھوں نے میرا مقولہ سن لیا ہے کہ جس گھر میں نکاح داخل ہو جائے وہاں محبوبائیں آنا بند ہو جاتی ہیں۔ یہی وجہ ہے کہ انھیں اب تک ہر عورت اچھی لگتی ہے۔ ایک بیوی کی کمی دور کرنے کیلئے انھیں ہر روز بیڈ پر لیٹے لیٹے کوئی نہ کوئی کتاب پڑھنی پڑتی ہے۔ حقوقِ زوجیت ادا کرنا ہو تو قلم لے کر کچھ نہ کچھ لکھنا شروع کر دیتے ہیں۔ خالد سہیل نے دنیا کا ہر حق ادا کیا ہے سوائے حق مہر کے۔ یہ واحد مرد ہیں جو بیوی نہ رکھتے ہوئے بھی انتہائی سنجیدہ ہیں۔ بال بچوں میں سے صرف بال کی پرورش کی۔ ان کی ایک خوبی خدا کا ذکر کیئے بغیر پوری نہیں ہوتی اور وہ ہے ان کی خدا ترسی۔ اتنے خدا ترس ہیں کہ جنھیں لکھنا بھی نہیں آتا، ان کیلئے اچھا اچھا لکھ کر دے دیتے ہیں۔ برا بھلا کہنے میں عار محسوس کرتے ہیں یعنی برا نہیں کہہ پاتے صرف بھلا بھلا کہہ دیتے ہیں۔

کہنے کو تو ڈاکٹر صاحب ''سنگل'' ہیں مگر کسی بھی محفل میں سنگل نظر نہیں آتے۔ لوگ انھیں ایسے گھیرے رہتے جیسے آج ہی شادی کروا کر چھوڑیں گے۔ ڈاکٹر صاحب کے پاس

موضوع اور مریض کی کوئی کمی نہیں۔ موضوع اور مرض کو برتنا ان کے دائیں ہاتھ کا کھیل ہے، بائیں ہاتھ کو کم ہی زحمت دیتے ہیں۔ کپڑے نفیس پہنتے ہیں اور اکثر خود ہی پہنتے ہیں۔ کسی نے مشہور کر دیا ہے کہ ڈاکٹر صاحب کو کچھوے پسند ہیں بس اس دن سے جس مریض کو پیار آیا وہ ایک مصنوعی کچھوے کا تحفہ دے گیا۔اب یہ حال کہ کلینک میں ہر طرف مریض نظر آتے ہیں یا کچھوے اور ڈاکٹر صاحب دونوں سے خوش ہیں۔

ڈاکٹر صاحب پچھلے چند سالوں سے اردو میں کم اور انگریزی میں زیادہ لکھنے لگے ہیں۔ سنا ہے اردو اس پر کافی بگڑی ہے۔ یہ پہلی زبان ہے جو ڈاکٹر صاحب پر بگڑی ہے۔ ڈاکٹر صاحب جیسے بلند مرتبت ادیب اگر اردو کو چھوڑ جائیں گے تو اردو پر تو بگاڑ ہی آئے گا ۔ امید کی جاتی ہے ڈاکٹر صاحب اردو کا دامن ویسے ہی پکڑے رہیں گے جیسے انھوں نے بے ٹی ڈیوس کا ہاتھ تھاما ہوا ہے۔ ڈاکٹر صاحب کے ایک شانے سے اردو اور دوسرے شانے سے انگریزی لگی ہو تو ادب اور قاری ان پر زیادہ ناز کرے گا۔

ڈاکٹر خالد سہیل کو ہم دیکھ تو سکتے ہیں مگر انھیں ڈھونڈ نہیں سکتے۔ ان کی شخصیت کے جز و تو مل جاتے ہیں مگر ان کی تلاش ختم نہیں ہوتی۔ وہ ادیب تو ادیب انسان ہونے کی بھی عمدہ مثال ہیں۔ ایسے لوگ بڑی مشکل سے پیدا ہوتے ہیں۔ میں اپنے آپ کو بہت خوش قسمت سمجھتا ہوں کہ ان کی نظروں میں رہتا ہوں۔

# مرشدِ مستور

سید حسین حیدر

یہ مضمون گیارہ مارچ 2012ء کو کینیڈا کی ایک سماجی انجمن فیملی آف دی ہارٹ یعنی (فوتھ) کی دسویں سالگرہ پر پڑھا گیا تھا۔اِس مضمون میں ڈاکٹر سہیل کی شخصیت کے مربیانہ اور مشفقانہ پہلو کو پیشِ نظر رکھتے ہوئے بزرگوں کے تذکروں اور قدیم سپاسناموں والی مخصوص زبان استعمال کی گئی ہے۔ ملاحظہ فرمائیں:

میرا تعارف اِس انجمن سے جن ذاتِ محترم کے توسط سے ہوا، وہ نہ صرف فرقہ فوتھ کے عشرہ مبشرہ میں شامل ہیں بلکہ شیخ الفرقہ حضرت خالد سہیل قدس اللہ سرہ کے جلیل القدر صحابیوں میں بھی ان کا شمار ہوتا ہے اور جو محبّان کنبہ قلب اس فرقے کی محافل سراپا سرور میں باقاعدگی سے شامل ہوتے رہے ہیں اُن کے مشاہدے میں یہ بات ضرور آئی ہو گی کہ جب سے ہم نے ذاتِ والاصفات مدظلہم العالی کے دستِ اقدس پر بیعت کی ہے نہ تو ہم سے اس فرقے کی کوئی ادبی، مذہبی، غیر مذہبی بلکہ خلاف مذہبی مجلس قضا ہوئی ہے اور نہ ہی ہمارے خضوع وخشوع میں کوئی فرق آیا ہے بلکہ ان نشستوں کے بعد کے خالی اوقات میں کسب فیض کی خاطر ہم اُن ملفوظات اور صحیفہ جات عالیہ کو جو شیخ الفرقہ کے دست عنایت سے ہمیں عطا ہوئے ہیں اُنکی تلاوت کر کے اپنے دینِ وایمان کو درست کرنے کی سعی میں مشغول رہتے ہیں۔

ویسے معطئ حقیقی اور مبداء فیض توذات خداوندی ہے مگر معرفتِ حق کے لئے شیخِ طریقت کا واسطہ ضروری ہے اور یہ ہر دور کے لئے مقرر بھی ہے کہ اِسی کی دست گیری سے جدید دور کی نسلیں منازل سلوک طے کرتی ہیں اور دورِ جدید کے تقاضوں کے مطابق تجدید علم وایمان کرتی ہیں۔ یہ صحیح ہے کہ اپنے دور کے مرشد مقرر کو پہچاننا اور اس سے کسب فیض کرنا ہر کس وناکس کے بس کی بات نہیں وجہ اسکی یہ ہے کہ مشیّتِ ایزدی کب اور کس قماش کے بندہ معتبر کو خرقہ ہدایت عطا فرمائے یہ اس کی دین ہے اور اُس عالمِ بے کراں کا اختیار کلی ہے۔ ہماری کیا مجال جو اس پر رائے زنی کریں یا اس کے انتخاب کو خاطر میں نہ لائیں۔ البتہ جو سچے متلاشی رشد وہدایت کے ہیں ان کو مرشد مستور کی سیرت اور حلیے میں موجود نشانیاں اپنی طرف فوراً متوجہ کرتی ہیں۔

یہ جو آپ اِس ناچیز میں اپنے موروثی عقائد اور روائتی مذہب سے انفعال کی کیفیت پاتے ہیں یہ سب اسی چوکھٹ کی دین ہے اور شیخ طریقت کی نگاہ لطف کا کرشمہ ہے۔ اس کے علاوہ یہ بھی انہی کی نوازشات کا حصہ ہے کہ ہم جیسے نوارد شہر اور مبتدی مصنف کو انہوں نے اپنی ایک محفل عام میں اپنا پہلا مضمون پڑھنے کی اجازت مرحمت فرمائی اور سخن تحسین سے بھی نوازا۔ اِسی مضمون کو جب ہم نے ایک اور محفل میں پڑھا تو وہ الٹا گلے پڑ گیا۔ مخدومئ مذکور نے اس ارادت مند کی ہمت افزائی میں مزید اضافہ ایک محفل خاص میں نہ صرف دوبارہ دعوت سخن دے کر کیا بلکہ اس کی تحریر کو اپنے ملفوظات میں شامل بھی کیا۔

اس میں قطعاً اس حقیر کی کسی خوبی کا دخل نہیں ہے بلکہ اس آستانے کے مطمحِ نظر کی بات ہے کہ اس کا در ہر آزاد سوچ بلکہ آوارہ سوچ تک رکھنے والے کے لئے وا ہے۔ اور اسے پورا موقع ملتا ہے کہ جو بھی اس کے خیالات ہوں ان میں وہ جملہ اصحابِ کنبہ کو شریک کرے اور خود بھی دوسروں کے افکار عالیہ سے مستفید ہو۔

اس غیر معروف مبتدی کی جتنی بھی تھوڑی بہت پہچان اور پذیرائی اس شہرِ بے مثال کے ادبی حلقوں میں ہوئی ہے اس میں شیخ کنبہ قلب اور ان کے خلیفہ خاص کا بڑا حصہ ہے۔ اسی پہچان کی بناء پر اور اپنی آوارگیٔ طبع سے مجبور اِس ارادت مند کو جو بھی اپنی کسی تقریب کی خبر دیتا ہے تو یہ اس میں اپنی شرکت کو فرضِ عین سمجھتا ہے بلکہ ایسی تقاریب میں بھی شامل ہوتا ہے کہ منتظمین اس کی شرکت سے متاثر ہو کر شاید یہ شعر پڑھتے ہوں کہ ؎

اور سب نے تو ہم سے کنارہ کیا

ایک ناصح غریب آتے جاتے رہے

اپنی اس کثیر الشمولیت کے تجربے کی بناء پر یہ فقیر اگر جسارتِ تقابل کرے تو اسے یہ کہنے میں کوئی تامّل نہیں کہ اس انجمن کی انتظامیہ کی کشادہ دلی، قدر دانی اور بے تعصبی اور اس میں شامل مضامین کا تنوّع اور موضوعات کی وسعت اس کو شہر کی جملہ انجمنوں سے کئی درجہ بلند، ممیز اور ممتاز کرتی ہے۔

ہمہ شہر پُر زِ خوباں منم و خیالِ ماہے

چہ کنم کہ چشمِ یک بیں نہ کند بکس نگاہے

## ڈاکٹر خالد سہیل اور ان میں پوشیدہ عورت

### گوہر تاج

اردو ادب کے قارئین ڈاکٹر خالد سہیل کے نام سے بخوبی واقف ہیں وہ جو پاکستان سے دور پردیس کے ممالک میں جا بسے ہیں اور وہ بھی جو پاکستان میں رہتے ہیں اور اردو ادب کا مطالعہ کرتے ہیں۔ البتہ خود خالد سہیل کینیڈا میں گزشتہ چالیس برسوں سے سکونت پذیر ہیں۔ ان کی عمر پینسٹھ برس ہے اور لگ بھگ اتنی ہی تعداد میں وہ ادب (جس میں شاعری، افسانہ نگاری اور ناول نگاری شامل ہے) کے علاوہ نفسیات، عالمی سیاست اور فلسفہ جیسے دقیق موضوعات پر کتابیں رقم کر چکے ہیں۔

خالد سہیل کی شخصیت کی کئی پرتیں ہیں جنہیں آپ اتارتے جائیں اور انسان کے روپ میں قدرت کے معجزات دیکھتے چلے جائیں۔ ان کی سب سے اوپر والی پرت نفسیاتی معالج کی ہے۔ یہ وہ پرت ہے جس سے ہر خاص و عام آشنا ہے۔ اگلی کئی پرتوں سے بھی حسبِ توفیق کبھی بطورِ شاعر کبھی افسانہ نگار، کبھی محقق آپ گاہے بگاہے روشناس ہوتے ہی رہتے ہیں۔ تاہم ان کی بالکل اندرونی اور پوشیدہ پرت وہ ہے کہ جس سے کم لوگ ہی واقف ہوں گے اور وہ ہے مرد خالد سہیل کے جسم کے پاتال میں چھپی عورت۔ یہ ان کا وہ زنانہ روپ ہے جو سالہا سال سے ان کے وجود کے تہہ خانہ میں بڑے ٹھسے سے براجمان ہے۔

اکثر مرد جب بڑی حسرت، رشک اور کبھی حسد سے ان کے عورتوں کے ساتھ باآسانی جڑ جانے والے رشتے کا ذکر کر کے اپنی قسمت پر کفِ افسوس ملتے ہیں تو وہ بھول جاتے ہیں کہ باآسانی عورتوں کو دوست بنانے والے خالد سہیل کی اندرونی پرت میں بیٹھی عورت کے وجود کا مہر ہے کہ یہ رشتہ ممکن بناتا ہے اور اس کے لیے انسانیت کے درد سے آشنا ہونا کتنا ضروری ہے۔ جو اسی وقت ممکن ہے کہ جب انسانی رشتے مرد عورت کے علیحدہ کمپارٹمنٹ سے نکل کر کھلی فضا میں سانس لیتے ہیں۔ اس کے لیے آپ کو نسوانی اعضا کے سحر میں ٹھہر کر منجمد ہونے اور مردانہ جنسی برتری کے خمار سے علیحدہ ہونا پڑتا ہے۔

خالد سہیل نے اپنے اندر کی پوشیدہ عورت کو بڑے چائو سے زندہ رکھا ہوا ہے تاکہ اس کے توسط سے ملنے آنے والی عورت سے باآسانی گفتگو کر کے وہ رشتہ قائم کر سکیں جو انسانیت کی کوکھ کی آنول نال سے جڑتا ہے۔ ہمیشگی اور پیار کا رشتہ۔ یہ انسان دوستی کا وہ روپ ہے کہ جس کے باعث وہ عورتوں کے دکھ سے جڑ کر انہیں سمجھنے کی کوشش کرتے ہیں، بطورِ انسان اور بطورِ معالج۔

میں نے گلے میں خاص انداز کی زنجیر ڈالے، اپنے گھنگریالے عورتوں کی طرح لانبے بالوں، کبھی کھلے اور کبھی ربر بینڈ کے پھندے میں قید پونی ٹیل بنائے، داڑھی اور مسکراہٹ سجائے چہرے والے مرد خالد سہیل کے جسم کے اندر زنانہ روح کو ان کی بہت سی نظموں کے توسط سے پہچانا۔ یہ وہ عورتیں ہیں جن سے میرے اندر کی سوشل ورکر بخوبی آشنا ہے۔ جو کبھی وہ نوجوان حاملہ ہے کہ جسے اس کے ہونے والے بچے کا باپ چھوڑ کے جا چکا ہے، کبھی وہ عورت ہے کہ جو شوہر کی بے مہریوں اور بے اعتنائیوں سے شاکی ہے اور پھر وہ بھی کہ جو شوہر کے جوتوں کی ٹھوکروں پہ پل رہی ہے اور اس کے بچوں کو پال رہی ہے اور وہ عورت بھی ہے کہ جو اپنے شکم میں پلنے والے بچے کی موت پہ نوحہ کناں ہے کہ جس کے شوہر کی ٹھوکروں نے

پیٹ کے اندھیرے گھور کمرے سے نکلنے اور روشنی کی جانب ہمکنے سے پہلے نامکمل زیست کی قبر میں دفن کر دیا ہے۔ کبھی یہ عورت سوکن سے شکوہ لب ہے تو کبھی اپنی سہاگن بننے کے خوابوں سے سرشار ہے۔ غرض اس کے کئی روپ ہیں اس طرح خالد سہیل کے وجود کے پاتال میں ایک عورت نہیں بستی بلکہ اس کے وجود سے کئی رشتوں کی ضیا پھوٹتی ہے تبھی وہ اپنی نظم 'عورت سے رشتہ' میں کہتے ہیں

ایک رشتہ ہو تو میں اس سے تجھے یاد کروں

تجھ سے ہر گام پہ ہر موڑ پہ رشتے لاکھوں

تو مرا عکس بھی عکاس بھی آئینہ بھی

تو مری دوست بھی، ہمراز بھی محبوبہ بھی۔

سوال یہ پیدا ہوتا ہے کہ عورتوں کے یہ روپ ان کے وجود میں کب سے براجمان ہیں؟ان کی سوانح عمری پڑھی جائے تو اندازہ ہوتا ہے کہ ان کا پہلا قریبی رشتہ شفقت بھری نانی سے جڑا، کم عمری میں پہلے بہن (جو پانچ سال چھوٹی تھی) سے اور پھر پڑوس میں رہنے والی لڑکی سودا سے معصوم عشق کا ناطہ۔

پہلا مضمون رابعہ بصری پہ لکھا اور جب میڈیکل سکول ختم کرنے کے بعد پشاور کے لیڈی ریڈنگ ہسپتال کے زنانہ وارڈ میں کام کیا جو اس ہسپتال کی پچھتر سالہ تاریخ کا انوکھا واقعہ تھا کہ ایک مرد ڈاکٹر زچہ و بچہ وارڈ میں تربیت میں اپنا سال مکمل کرے جہاں کی روایتی عورتیں

جب ان سے شرماتیں تو نرس پشتو میں کہتی 'ڈاکٹر دے سڑے نہ دے'، (مرد نہیں ڈاکٹر ہے)۔ یہ اسی دور کا اثر ہے غالباً کہ ڈاکٹر خالد سہیل صرف معالج بن گئے۔ ان کے مرد کا عورت کے دکھ سے دھیما اور نسوانی مزاج بن گیا۔ درد آشنائی کا یہ سبق دنیا کی بڑی اور اعلیٰ ترین یونیورسٹی بھی نہیں دے سکی جو غیر روایتی خالد سہیل کو روایتی مزاج معاشرہ کی عورتوں نے دیا۔ لہذا خالد سہیل کو سمجھ آیا کہ 'دکھ درد اور آزار کی کوئی جنس نہیں ہوتی وہ مادر پدر آزاد ہوتا ہے اور اگر کسی کے کرب سے رشتہ جوڑنا ہو تو جنسی آعضا میں ہی مت الجھ کر رہ جائو اس کی روح کے پاتال میں داخل ہو کر دوستی اور مسیحائی کا ساز الاپو'۔

'سرخ دائرہ'، ایک ایسی نظم ہے کہ جب غیر روایتی شاعر نے ایک انتہائی حساس موضوع کو بالکل منفرد انداز میں بیان کرتے ہوئے ایک لڑکی کی حاملہ ہونے کی خبر دی ہے جو کلنڈر پہ ایک تاریخ کے گرد دائرے کے گذر جانے پہ منکشف ہوتی ہے۔ اس نظم کی آخری کچھ سطریں ہیں

گزشتہ مہینے کی تیرہ ہی تاریخ کو
سرخ اک دائرہ تھا احاطہ کیے
لیکن اس مرتبہ
جانے کیا ہو گیا
ایک عجب سی خلش
اور اک کپکپی خوف کی
میرے سارے بدن میں سرایت ہوئی

اور پھر میں تو سوچا ہی کی

آج سترہ ہوئی

خالد سہیل نے یہ نظم زمانہ طالب علمی میں خیبر میڈیکل کالج کے شاعری کے مقابلے میں پڑھی جس میں احمد ندیم قاسی، احمد فراز اور محسن احسان جیسے شاعر جج تھے اور پہلا انعام حاصل کیا۔

ان کی ایک نظم 'یہ مرا جسم ہے یہ مری زندگی، ایک ایسی عورت کی کہانی ہے کہ جو حاملہ ہونے کے بعد جسم میں حمل رکھنے کے فیصلہ کو برقرار رکھنا چاہتی ہے۔۔۔ باوجود اس کے کہ کوئی اسقاط اور کوئی بے باپ بچوں کے قصے سناتا ہے۔ یہاں شخصی آزادیِ رائے جو عورت کو بھی حاصل ہے مگر معاشرہ اسے نہیں دیتا۔۔۔ کے رویہ کے خلاف احتجاج ہے

میں یہ سب کچھ خموشی سے سنتی رہی

چاہتی تھی مگر میں نہیں کہہ سکی

ساری خلقِ خدا کیا نہیں جانتی

یہ مرا جسم ہے یہ مری زندگی

نظم 'سوال، میں عورت کا شکوہ اس مردانہ رویے سے ہے کہ جو عورت کی زندگی کے شبستاں میں محبوب، مجازی خدا اور رفیقِ سفر بن کر داخل ہوتا ہے مگر وقت کے ساتھ ساتھ حقیقت سمندر کی بجائے سراب ثابت ہوتی ہے۔ اس کے شوہر کے رویے کی تبدیلی اس کا المیہ اور احتجاج بن جاتی ہے اس نظم کے چند اشعار ہیں

مری بے عزتی کر کے تو کتنا فخر کرتا ہے

مجھے بے عقل ناقص اور کیا کیا تو سمجھتا ہے

جو تیرے قلب کی گہرائیوں میں ہے سنا مجھ کو

اگر تو مرد ہے تو سچ سچ یہ بتا مجھ کو

تری بیوی ہوں محبوبہ ہوں یا میں نوکرانی ہوں

ترے بچوں کی آیا ہوں کہ تیرے دل کی رانی ہوں

ترے کل کا سہارا ہوں یا ماضی کی سزا ہوں میں

شریکِ زندگی ہوں یا کہ تیری داشتہ ہوں میں

نظم 'دو قتل، گھریلو جسمانی تشدد کی بہترین عکاس نظم ہے کہ جس میں مردانہ تسلط اور برتری کا شکار مرد اپنی بیوی کے ساتھ انسانیت سوز سلوک کرتا ہے اور اس بہیمانہ عمل میں ایک نہیں دو قتل کرتا ہے

اپنی کوکھ میں اپنے بچے

کی چھوٹی سی لاش اٹھائے

زندہ ہوں پر قبر بنی ہوں

اس نے ٹھوکر مار کے کل شب

میرے خواب اور میرے بچے

دونوں کو ہی قتل کیا ہے

ڈاکٹر خالد سہیل

اپنی نظم 'HOUSE ARREST'، میں انہوں نے صدیوں سے عاید عورتوں کی روایتی اور سماجی قید اور اس کے سبب ان کے رویوں کی ہچکچاہٹ اور خوف کو چیلنج کیا ہے اور خواہش ظاہر کی ہے کہ

ان کی ہر اک رات سے پھوٹے

رفتہ رفتہ صبحِ بغاوت

تاکہ وہ تازہ ہوا میں اڑنے کے خوف اور اندیشوں سے آزاد ہو جائیں۔ انہوں نے 'ماں بننے سے پہلے اور بعد میں، عورت کا وہ روپ پیش کیا ہے کہ جو ایک بے وفا محبوب کی فرقت اور اپنی اس تنہائی پہ غمزدہ اور زمانے کی رسوائیوں کے خوف سے ہراسان ہے مگر وہی عورت جب ماں بنتی ہے تو اولاد کی محبت اسے محبت کی سرشاری اور طاقت سے آشنا کراتی ہے اور وہ اپنے محبوب کو قاتل سمجھنے کے باوجود محسن گردانتی ہے کہ اس نے بطن کی دھرتی کو زرخیزی دی

تو میرا محسن تو میرا قاتل

ترے ہی دم سے ہوا یہ حاصل

جو تو نہ ہوتا تو ایک بنجر زمین رہتی

جو غم نہ سہتی تو کس طرح میں مسرتوں کا یہ پھول چنتی

خالد سہیل نے اپنی پوری شاعری میں مرد اور عورت کے رشتہ میں فوقیت دوستی کو دی ہے خواہ وہ مرد بن کے لکھا ہو یا عورت کی آواز بن کر۔

خالد سہیل اپنے والدین کی شادی سے متاثر ہوئے۔ وہ اپنے والدین کی طرح ہزاروں لاکھوں روایتی شادیوں کے بارے میں اپنی نظم 'والدین کی شادی کی تیسویں سالگرہ پر، میں لکھتے ہیں

اور ہم سوچتے ہی رہے

تیس برسوں کی یہ دوستی کیسے ممکن ہوئی

کیسے ماں باپ کی یہ رفاقت سلامت رہی

پہلے حیران تھے

اب بھی حیران ہیں

اپنے پیاروں سے کتنے ہم انجان ہیں

آرزو ہی رہی

کاش رشتوں کا سرِ نہاں جان لیں

کاش ماں باپ کو اپنے پہچان لیں

ان کی سوانح عمری پڑھ کر اندازہ یہ ہوتا ہے کہ ان کے والدین کے درمیان روایتی شادی کا بندھن وہ منفی تجربہ ہے کہ جس نے انہیں روایت شکن بنایا کہ جب ان کی روایتی ماں کا غیر روایتی باپ سے بے جوڑ رشتہ بندھتا ہے اور وہ اس ازدواجی رشتہ کے خشک بے رنگ اور ارمانوں کی باڑھ تلے چرمرایا دیکھتے ہیں۔ یہی وجہ ہے کہ عرصہ تک وہ اس عورت سے بظاہر وہ رشتہ نہیں باندھ پاتے کہ جس سے ان کا ناطہ آنول نال کا تھا۔ مگر ممکن ہے کہ انہوں نے ایسی بے جوڑ ناطوں کے نتیجہ میں خواہشوں اور ارمانوں کے اسقاط کو وقوع پذیر ہوتے دیکھا تو اس

کے ردِ عمل میں نظم 'اسٹل برتھز' کو رقم کیا۔ وہ چاہے عورت کے ارمانوں کا اسقاط ہو یا مرد کے وہ اس روایتی اور قدامت پسند معاشرہ کی بوسیدگی سے نالاں ہیں

کتنے خواب

اور کتنے جذبے

دل کی کوکھ میں ڈر جاتے ہیں

کتنے بچے پیدا ہونے سے پہلے ہی مر جاتے ہیں

(STILL BIRTHS)

خالد سہیل کی کتابوں میں چھپنے والی یہ چند نظمیں جوان کے اندر کی عورت کے درد کی صورت چشمہ کی مانند پھوٹیں اور شعروں میں ڈھلیں محض تفریحاً رقم نہیں ہوئیں ان کا مقصد عورتوں پہ قد غن لگانے والے معاشرہ کی کہنہ سال روایتوں کو چیلنج کرنا ہے اور ان کے حقوق کی برابری اور امن و محبت کے رشتوں کی ہریالی کی نمو ہے۔

www.ingramcontent.com/pod-product-compliance
Lightning Source LLC
Chambersburg PA
CBHW040606090526
44586CB00040BA/2599
* 9 7 8 1 9 2 7 8 7 4 6 7 7 *